PORT DU HAVRE

CONSTRUCTION D'UNE FORME-SÈCHE

REQUÊTE

AU CONSEIL DE PRÉFECTURE DU DÉPARTEMENT DE LA SEINE-INFÉRIEURE

HAVRE
IMPRIMERIE ALPH. LEMALE, QUAI D'ORLÉANS, 9

1860

A MESSIEURS

LES

PRÉSIDENT ET MEMBRES DU CONSEIL DE PRÉFECTURE

DU DÉPARTEMENT DE LA SEINE-INFÉRIEURE

MESSIEURS,

Le 21 Novembre 1856, MM. Escarraguel, Vivenot et Roulet ont été déclarés adjudicataires des travaux à exécuter pour la Construction d'une Forme-Sèche dans le Bassin de l'Eure, au port du Havre, pour les bateaux à vapeur et les grands navires à hélice, moyennant un rabais de neuf francs cinquante centimes (F. 9. 50) par cent francs porté, dit le Procès-Verbal d'adjudication, à 10 p. 0/0, suivant les conditions de l'affiche. La dépense était évaluée, non compris F. 390,000 pour dépenses imprévues, à F. 1,490,000, avec faculté réservée à l'État de porter cette dépense à Deux Millions au plus.

En attendant l'homologation de leur adjudication, MM. Escarraguel, Vivenot et Roulet qui savaient, car cela est de notoriété, que cette homologation serait donnée selon l'usage dans le mois qui suivrait l'adjudication, se rendirent immédiatement au Havre, afin de se mettre en mesure de remplir les engagements qu'ils venaient de contracter. Ils se hâtèrent, en conséquence, d'acheter leur matériel, de prendre des commis, de créer ou louer des établissements, de faire acheminer vers Le Havre les outils, matières et apparaux qu'ils possédaient sur leurs ateliers de St-Nazaire, de Tours et de St-Maixent; ils s'empressèrent, en un mot, de s'établir et de s'organiser pour, au premier avis, de l'administration, mettre la main à l'œuvre. Plusieurs mois s'écoulèrent sans que l'ordre de commencer leur fut donné. Préoccupés de ce retard insolite ils en cherchèrent les causes et ils apprirent, avec une surprise facile à deviner, que le projet des travaux n'était pas prêt; que les terrains sur lesquels on devait construire n'étaient pas achetés. Ils examinèrent alors s'il ne conviendrait pas de retirer leur soumission et de se débarrasser de l'entreprise; mais ils reconnurent bientôt que les frais d'organisation faits par eux étaient trop considérables et que les engagements pris ne permettaient plus de reculer. D'un autre côté, l'approbation ministérielle pouvant être donnée d'un moment à l'autre, rien n'autorisait à croire que la demande en nullité de marché serait bien accueillie par l'administration. Le 24 Juin 1857, *sept* mois après l'adjudication, M. l'Ingénieur ordinaire écrivit à MM. Escarraguel et consorts que leur marché était considéré comme homologué et qu'il y aurait lieu de commencer les travaux dans un mois. Le crédit annoncé était de F. 150,000, avec avis probable d'un million pour l'année.

Depuis ce moment les ouvrages de la Forme ont marché, mais lentement et à travers des obstacles qui les ont plus d'une fois arrêtés et compromis. Ces circonstances ont même pris un tel caractère de gravité pour les Entrepreneurs, que ceux-ci se sont vus dans l'obligation d'en faire l'objet d'une réclamation à M. le Préfet de la Seine-Inférieure, à la date du 20 Janvier 1859. Cette réclamation a été soumise à l'administration supérieure, laquelle, il faut le regretter au point de vue de la justice, a repoussé les chefs de la demande, à l'exception de deux articles de peu d'importance, par décision du 8 Novembre 1859.

Après avoir pris connaissance de cette décision et en avoir pesé les termes avec soin, MM. Escarraguel, Vivenot et Roulet, convaincus que les motifs allégués pour rejeter leur demande étaient contraires au droit et à l'équité, inexacts même en fait sur quelques points, se sont décidés à en appeler aux tribunaux administratifs. C'est donc avec confiance, Messieurs les Conseillers, qu'ils ont l'honneur aujourd'hui de vous exposer successivement et séparément chaque chef de leur réclamation.

PREMIER CHEF

RABAIS DE L'ENTREPRISE

Disons tout de suite sur ce point que l'affiche annonçant l'adjudication portait : « Le » chiffre exprimé indiquera le taux du rabais à tant de centimes par franc et *non autre-* » *ment*, les fractions de centimes viendront augmenter *d'un* le nombre de centimes du » rabais. »

Nous ne contestons pas à l'administration le droit de formuler le modèle d'une soumission, conformément à l'article 16 de l'Ordonnance du 10 Mai 1829; mais nous contestons que l'on puisse introduire dans une simple affiche une clause limitative du droit naturel qu'a tout individu de proposer à l'État d'exécuter son travail au meilleur marché possible, une clause qui, en enlevant la liberté d'exprimer un rabais autrement qu'en nombre rond de centimes par franc, place un Entrepreneur dans la nécessité de supprimer de son rabais toute fraction de centime. Et que l'on ne dise pas qu'au lieu de supprimer, il pourrait ajouter la fraction de centime nécessaire pour atteindre un nombre rond; l'Entrepreneur sage ne le peut pas, parce qu'il se trouve en présence d'une limite extrême, que ses calculs et la prudence lui font un devoir de ne pas franchir.

On voit donc que de quelque manière que l'Entrepreneur s'y prenne pour se conformer à l'affiche, soit qu'il supprime les fractions de centimes, soit qu'il leur ajoute le complément de l'unité, il ne peut arriver à exprimer franchement et véritablement le rabais qu'il a l'intention d'offrir. Cette intention, à laquelle devrait être offerte une large facilité pour se manifester d'une manière complète, sans gêne et sans contrainte, se voit au contraire étouffée, pour ainsi dire, par une clause de l'affiche qui n'a, comme on en va juger, aucune raison d'être, ni raison de droit, ni raison d'utilité.

En effet, quel est le droit conféré à l'administration par l'article 16 de l'Ordonnance du 10 Mai 1829 ? Celui d'indiquer le modèle auquel chaque soumissionnaire devra se conformer. En quoi peut consister ce modèle, sinon en la teneur pure et simple de l'engagement à souscrire, et cela dans le but évident de le rendre uniforme pour tous les Entrepreneurs et de leur enlever tout moyen d'y adjoindre des restrictions ou des réserves qui ne permettraient pas de distinguer de prime abord la soumission la plus avantageuse pour l'État. Cet engagement doit donc être le même pour tous, tous le doivent copier textuellement; ce n'est qu'à cette condition que la soumission devient régulière et légale, ainsi le veut l'article 16 précité.

On comprend maintenant que le but de cet article 16 étant atteint, il devient non-seulement inutile, mais abusif, d'exiger beaucoup plus que l'Ordonnance elle-même, en astreignant l'Entrepreneur à diminuer ou à augmenter le rabais auquel ses calculs l'ont conduit, et cela pour arriver, le croirait-on, à exprimer ce rabais en nombre rond! c'est-à-dire pour arriver à un résultat non-seulement inutile et irraisonnable, mais entaché d'illégalité; car l'article 16 n'indique qu'une simple formalité, tandis que l'affiche va beaucoup plus loin, puisqu'elle interdit l'usage d'un droit.

Si on prétendait que le droit de formuler un modèle de soumission s'étend jusqu'à dire que les fractions de centimes ne seront pas admises, comme rien dans l'article 16 ne limite ce droit, on pourrait aujourd'hui se contenter de ce rejet, tout en conservant pour demain la faculté de l'étendre jusqu'aux unités et ainsi de suite, ce qui serait de l'arbitraire au suprême degré, en regard duquel la loi s'effacerait complètement.

On est donc conduit à regarder comme mal fondée la prétention d'imposer à l'Entrepreneur l'obligation d'exprimer son rabais en nombre entier; et c'est parce que Escarraguel et Cie étaient parfaitement convaincus et étayés de leur droit à ce sujet, qu'ils ont maintenu dans leur soumission le véritable rabais indiqué par leurs calculs.

Ce rabais, du reste, qu'on le remarque bien, n'est pas fractionnaire dans le sens rigoureux de l'affiche, il est de F. 9. 50 par cent francs; il ne contient donc aucune fraction de centime. On ne peut, dès lors, augmenter d'un le nombre de centimes du rabais. Si les demandeurs avaient fait F. 0. 095 ou 9 centimes 1/2 par franc, on aurait pu arrondir le demi centime, en faire un entier et leur rabais aurait été alors, d'après l'affiche, de 10 centimes par franc; mais c'est précisément pour éviter ce résultat qu'ils ont eu la précaution de soumissionner à tant de francs par cent francs et non à tant de centimes par franc (Voir la Soumission et le Procès-Verbal d'adjudication.). Leur rabais se trouve par conséquent composé d'entiers de centimes; et comme l'affiche ne proscrivait pas les fractions de francs, mais seulement celles de centimes, il s'en suit qu'on ne peut, en droit strict, l'appliquer dans le cas.

Voyons maintenant si les Sieurs Escarraguel et consorts ont mis contre eux la loi des adjudications publiques. L'Ordonnance du 10 Mai 1829 porte, article 13 :

« Le soumissionnaire qui aura fait l'offre d'exécuter les travaux aux conditions les » plus avantageuses sera déclaré adjudicataire. »

Ceci est clair; que le rabais soit entier ou fractionnaire, peu importe, l'Ordonnance n'impose pas d'obligation à ce sujet, elle indique seulement et admet l'offre la plus avantageuse. Il suffit par conséquent de faire un rabais supérieur à celui des autres concurrents pour être en droit adjudicataire, aux termes de cette Ordonnance.

Nous n'ignorons pas que des Circulaires Ministérielles, en date des 10 Juillet 1858 et 16 Juin 1859, sont venues réglementer d'une manière nouvelle l'exécution de la Loi, en imposant aux Entrepreneurs, sous peine du rejet de leur soumission, l'obligation de formuler leurs rabais en nombres entiers; c'est précisément ce qui corrobore notre opinion, car avant la date de ces circulaires, c'est-à-dire le 21 Novembre 1856, il était parfaitement légal d'inscrire un rabais fractionnaire dans une soumission et il n'a fallu rien moins que l'intervention du Ministre pour restreindre le droit au profit d'une réglementation qui lui paraissait nécessaire, mais qui ne peut atteindre les Sieurs Escarraguel et Cie à cause de l'antériorité de leur adjudication.

D'ailleurs, n'est-il pas d'usage que les rabais fractionnaires de centimes soient admis? On ne saurait le nier, maintes fois des rabais de cette nature ont été faits, et les Conseils de Préfecture les ont toujours acceptés, en reconnaissant qu'on ne saurait avec justice imposer à un adjudicataire un rabais supérieur à celui que ses calculs lui permettaient d'offrir. Des milliers de faits existent à cet égard et sans mentionner tous ceux que nous pourrions présenter en remontant à des années, nous en citerons quelques-uns tout récents; le 8 Juillet 1859, M. Pradeau est déclaré adjudicataire de la construction d'un égout, à Paris, moyennant F. 12. 65 de rabais; le 18 du même mois, à Paris, MM. Bonlinguette et Cie sont déclarés adjudicataires des travaux du Canal St-Martin à F. 8. 85; le 27, même mois, M. Leroy est déclaré adjudicataire, à Sceaux, d'ouvrages de maçonnerie, à un rabais de F. 7. 07; à Dijon, M. Walter est déclaré adjudicataire, le 16 Août 1859, d'un chemin de grande vicinalité, à un rabais de F. 18. 30; à Rouen le 10 Juillet 1857, MM. Escarraguel et Monet sont déclarés adjudicataires de l'Écluse de la Citadelle, au Havre, moyennant F. 0. 1313 de rabais par franc, etc., etc. On le voit les rabais fractionnaires ont été journellement admis jusqu'à ces derniers temps. A plus forte raison le devaient-ils être en 1856, alors que la Loi s'exerçait dans toute sa force, alors que son action n'était pas restreinte par les réglementations ministérielles des 10 Juillet 1858 et 16 Juin 1859.

Prouvons maintenant que la clause insérée dans l'affiche, de compter comme unité la fraction de centime, est une clause impossible et en opposition flagrante *avec la Loi*. Un exemple bien simple va le démontrer.

Deux Entrepreneurs sont en présence, ils s'obligent par leur Soumission :

Le 1er à un rabais de F. 9. 10 par cent francs.

Le 2me à un rabais de F. 10. 00 par id.

Lequel des deux est l'adjudicataire ? Évidemment c'est le 2me, parce qu'il a offert les conditions les plus avantageuses à l'État. Eh bien non, si la Loi le veut ainsi, l'affiche ne le veut pas, chaque fraction de centime devant d'après elle compter pour un centime, c'est-à-dire chaque fraction de franc pour un franc, les deux Soumissions sont censées faites, toutes deux, avec un rabais de 10 pour cent.

N'allons pas plus loin et reconnaissons tout de suite que sous ce rapport le règlement de l'affiche est sans valeur et qu'un Entrepreneur ne doit nullement s'en préoccuper. Car nous ne pouvons supposer un seul instant que l'on veuille placer l'affiche au-dessus de l'Ordonnance du 10 Mai 1829 et prétendre que ses termes ont plus de valeur que l'Ordonnance elle-même. Une affiche n'est qu'un simple avis, une annonce ; elle ne fait pas corps avec le marché, avec le devis. Légalement parlant elle est sans valeur radicale.

Cette pensée a toujours été celle des Entrepreneurs qui l'ont accusée, on peut dire *ab ovo* en requérant dès la signature du procès-verbal d'adjudication l'insertion en marge de leur véritable rabais, afin d'appeler ainsi l'attention de M. le Ministre sur le fait. On remarque, en effet, sur cette pièce, en face du rabais administratif, celui des soumissionnaires indiqué comme suit : F. 9. 50 porté à 10 suivant les conditions de l'affiche. Les adjudicataires ont donc réclamé, dès le principe, contre le rabais de 10 p. 0/0 que l'on voulait leur appliquer.

Nous donnons ces renseignements pour le cas improbable, où on voudrait tirer parti d'un prétendu silence gardé par les adjudicataires et en induire un consentement tacite de leur part.

Nous ferons remarquer, en outre, que l'avis de l'approbation du marché leur a été donné sans qu'il y fût fait mention du quantum du rabais (Ordre de service, n° 2.), et nous ajoutons, ce qui est assez caractéristique, qu'on ne leur a délivré copie du procès-verbal d'adjudication, copie prescrite par l'article 6, des clauses et conditions générales, que deux ans après l'adjudication, en 1859. Mais comme nous l'avons vu, leurs protestations existaient déjà depuis longtemps, car elles avaient été indiquées lors de la signature du procès-verbal susdit, et formellement renouvelées, à chaque présentation de décompte annuel, le 11 Février 1858, le 10 Mars 1859 et, par lettre spéciale, le 4 Février 1858.

Toute induction tirée du silence des Entrepreneurs serait donc inexacte et ne peut, dans l'espèce, être invoquée contre eux. En fait, Escarraguel et consorts ont fait un rabais de F. 9. 50 et non de dix francs. On pouvait rejeter leur Soumission comme n'étant pas parfaitement conforme au modèle indiqué, mais dans aucun cas, alors que leur offre a été admise, on ne peut leur imposer un rabais plus fort que celui qu'ils ont consenti. Le seul engagement qui les lie, c'est leur Soumission telle quelle est, il n'y a rien au-delà et l'affiche qu'ils n'ont pas acceptée, contre laquelle ils ont même formulé leur rabais, ne peut les atteindre. Ils sont couverts par l'article 13 de l'Ordonnance du 10 Mai 1829 et également par l'approbation Ministérielle donnée à leur Soumission.

Nous demandons par conséquent au nom du droit, des précédents et de l'équité, que le rabais fait par les demandeurs ne soit pas porté, malgré eux, à 10 p. 0/0, comme on le prétend aux termes de l'affiche, et qu'il reste à F. 9. 50 par cent francs conformément à leur Soumission.

DEUXIÈME CHEF

DÉLAI D'EXÉCUTION DES TRAVAUX

Le 20 Janvier 1859, MM. Escarraguel, Vivenot et Roulet, par voie gracieuse, exposaient leurs dires sur ce point à M. le Sénateur Préfet de la Seine-Inférieure, en ces termes :

« L'une des clauses de notre marché (Article 82 du Devis) stipule que tous les travaux » devront être terminés dans un délai de dix-huit mois après l'approbation de l'Adjudication. Comme nous l'avons dit, cette approbation a été donnée le 24 Juin 1857. Tous » les travaux de la Forme auraient donc dû être finis le 24 Décembre 1858. Or, ils sont » tout au plus arrivés au quart de leur avancement et tout porte à croire qu'ils ne seront » parachevés que dans deux ans à partir de ce jour. Il s'en suit que nos personnes, nos » moyens, capitaux, matériel et agents seront attachés durant deux années de plus que » nos prévisions aux chances de l'entreprise et qu'il nous sera interdit, pendant ce temps, » d'en disposer pour d'autres affaires dans lesquelles nous aurions pu réaliser quelque » bénéfice. Nous perdons, par conséquent, par ce fait qui provient de l'Administration,

» durant deux années, les avantages attachés à l'exercice de notre profession et à la dis-
» position de nos capitaux, voies et moyens.

» C'est pour nous une perte minima de F. 147,200, ainsi répartie :

» Intérêts de la valeur de notre matériel, montant ce jour à » F. 120,000, à 6 p. 0/0 l'an, pour deux années..........................	F.	14,400 —
» Dépréciation dudit matériel pendant deux années, à 25 p. 0/0 » par an..	»	60,000 —
» Perte d'intérêt sur la retenue de garantie de F. 60,000 et » sur nos avances pour fonds de roulement d'une somme de » F. 80,000, à 6 p. 0/0 pendant deux ans..................................	»	16,800 —
» Valeur de notre temps et appointements de nos commis et » agents pendant deux années..	»	48,000 —
» Loyer des terrains autour du chantier, à F. 4,000 par an, » deux années..	»	8,000 —
» Total général..................................	»	147,200 —

« Nous ne vous tairons pas, Monsieur le Préfet, que si, lors de l'adjudication de la » Forme-Sèche, on nous avait informés que les travaux, au lieu de nous prendre 18 » mois, nous prendraient près de quatre années, nous n'eussions jamais consenti à nous » en charger avec un rabais de F. 9. 50 par cent francs. Nous n'eussions certes voulu » nous enchaîner à l'œuvre pour un temps aussi long, qu'en soumissionnant tout au plus » aux prix de la série. Le retard que nous signalons dans l'exécution des travaux est » pour nous une déception ruineuse (V. notre lettre du 4 Février 1858), et nous deman- » dons que l'Administration, cause unique de cette situation, nous indemnise du préjudice » qu'elle nous cause. »

A cela l'Administration a répondu, le 8 Novembre 1859 :

« Le Devis présenté n'a été approuvé que sous réserves de diverses modifications, dont » l'une porte que la disposition de l'article 82 ci-dessus mentionné sera remplacée par

» une autre portant simplement que : l'Entrepreneur conduira les travaux avec l'activité
» nécessaire pour assurer en temps utile l'emploi des crédits qui auront été affectés sur
» les fonds de chaque exercice. »

Est-ce là une objection que l'on puisse admettre ?

Vous dites que l'article 82 a été remplacé par l'article I du Supplément au Devis. Où en est la preuve ? Nous ouvrons le Devis et nous voyons à la fin dix articles supplémentaires, c'est-à-dire dix articles de plus que ceux qui existaient primitivement ; mais aucun d'eux ne mentionne que l'article 82 est *supprimé* ou *remplacé*. Si on avait voulu le faire, il est probable qu'on l'aurait dit. Dans l'entreprise du Bassin-Dock, au Havre, à deux pas de celle de la Forme, divers articles du Devis furent supprimés et remplacés par d'autres. On y lit (Modification au Devis par Décision Ministérielle du 9 Février 1856) :

« L'article 129 sera supprimé et remplacé ainsi qu'il suit : Les prix des mains-d'œuvre
» pour la façon, etc.... »

« Les articles 108, 110, 111, 112, 113, 114, 115, 116, 117, 118, 119, 120, 121,
» 122, 123, 124 et 125 sont supprimés et remplacés par les suivants, etc., etc...... »

« L'article 57 sera complété par le suivant : Toute demande faite, etc., etc. »

Ici, on le voit, on a eu l'intention, et on l'a exprimée, de supprimer, remplacer et modifier certains articles. Mais dans le cas qui nous occupe, ce n'est plus cela ; on a tout simplement fait un Supplément au Devis, on y a ajouté dix articles sans établir, d'une manière saisissable, qu'ils supprimaient, remplaçaient ou modifiaient d'autres articles antérieurs et fondamentaux. Pourquoi, si c'était là l'intention de l'Administration, ne l'a-t-elle pas exprimée de manière à être comprise ; de manière à ne pas induire en erreur ?

Mais, dira-t-on, peut-être, les Soumissionnaires n'ont pas compris le sens, la portée de l'article I, et ce n'est qu'à eux qu'ils doivent s'en prendre de ce manque de perspicacité ? Sous ce deuxième rapport, on va le voir, les Entrepreneurs ont au contraire donné à l'article supplémentaire la seule signification qu'il pouvait avoir. Que porte cet article, en effet, logiquement interprêté ? Que les Adjudicataires devront conduire les travaux de manière à assurer l'emploi des crédits affectés sur chaque exercice. C'est là une simple répétition, qu'on le remarque bien, de l'article 21 des Clauses et Conditions Générales, lequel, lui aussi, explique que si les fonds crédités ne sont pas consommés dans l'année, l'Entrepreneur sera mis en régie. On n'indiquait donc rien de plus que cela, rien qui pût faire supposer que l'article 82 était supprimé. En présence des deux articles 82 et 1 que devaient penser les Soumissionnaires? Escarraguel et consorts comme tous les autres? Que le délai de 18 mois comprenant deux exercices, 1857 et 1858, l'Administration se réservait le droit de faire dépenser tant sur l'un et tant sur l'autre ; un million et demi, par exemple, en 1857 et un demi-million en 1858, ou inversement cinq cent mille francs en 1857 et quinze cent mille francs en 1858, le tout à sa convenance. Il est impossible de comprendre, en les rapprochant, ces deux articles autrement qu'en y voyant cette intention unique de l'Administration de fixer elle-même le quantum du crédit à affecter sur chacun des exercices compris dans le délai convenu pour l'exécution des travaux.

Une nouvelle comparaison avec l'entreprise du Bassin-Dock va rendre ce raisonnement plus concluant encore. Dans le cahier des charges de ce travail, l'article 137 impose l'obligation de finir les ouvrages dans un délai de 23 mois, après l'ordre de mettre la main à l'œuvre. Voilà donc un délai d'exécution bien fixé, qu'on n'a jamais contesté et que l'Administration a même invoqué plus d'une fois, avec ardeur, contre l'Entrepreneur. Eh bien ! nonobstant ce terme fatal pour achever l'œuvre, l'Adjudicataire n'était-il pas tenu de dépenser, dans l'année, les fonds crédités ? Si, évidemment ; car il était soumis à l'article 21 des Clauses et Conditions Générales qui lui faisait un devoir de dépenser les fonds alloués pour l'année. Les deux obligations : 1° Exécuter les travaux dans un délai fixé ; 2° absorber les crédits alloués sur l'exercice courant, peuvent donc exister simultanément sans se détruire, en se prêtant, au contraire, une force nouvelle.

Ce que nous disons de l'entreprise du Bassin-Dock, on peut le dire de toutes les autres. Que l'on prenne un Devis quelconque, dans lequel sera insérée une clause portant que les travaux seront exécutés dans un délai déterminé, et l'on verra que l'Entrepreneur, tout en étant soumis au délai d'exécution fixé par le cahier des charges, n'en est pas moins tenu (Art. 21 des Clauses et Conditions Générales) de conduire les ouvrages avec l'activité nécessaire pour consommer les crédits affectés sur les fonds de l'exercice, et cela sous peine de mise en régie.

Dire, par conséquent, que l'Entrepreneur conduira ses travaux avec l'activité nécessaire pour dépenser les crédits alloués sur chaque exercice, ce n'est pas déclarer par cela même que la durée maxima fixée pour l'exécution des ouvrages est supprimée et annulée. C'est uniquement attribuer à l'Administration le droit de fixer, en présence d'un délai convenu, le quantum du crédit à dépenser sur chaque exercice formant ce délai.

Nous avons dit plus haut que l'article I loin d'annihiler l'article 82 l'aggravait au contraire et lui donnait plus de force aux yeux des Soumissionnaires. Le motif de cette opinion se devine de lui-même. La dépense première était de F. 1,490,000 pour 18 mois, l'Administration se réservait de la porter à F. 2,000,000. On pouvait, dès lors, supposer que l'Adjudicataire dirait : Pour un million et demi vous avez fixé 18 mois, pour deux millions il faudra plus de temps. Eh bien ! n'est-ce pas pour prévenir cette objection que l'État a cru devoir ajouter un article de plus, un supplément, une aggravation? Les Adjudicataires l'ont pensé ainsi. L'article I, sans rien changer au délai de 18 mois, imposait à leurs yeux, l'obligation d'absorber les crédits alloués sur chaque exercice. Ils ont vu dans ce moyen, une force de plus contre eux. Car de même qu'on augmentait le chiffre, on augmentait aussi l'obligation d'aller plus vite en prescrivant la dépense absolue, nécessaire, de tout le crédit alloué sur l'exercice.

Le sens des deux articles qui nous occupent, ainsi que la manière dont les Adjudicataires les ont compris, étant expliqué, il est utile de rechercher quelle idée l'Administration elle-même ou ses agents sur les lieux s'en sont d'abord faite. Elle a été la même dès le principe. Le jour où M. l'Ingénieur ordinaire a ordonné de commencer les travaux (V. sa lettre du 24 Juin 1857), il a indiqué une dépense de F. 1,000,000 pour l'année, en annonçant un premier crédit de F. 150,000. Il a fait savoir que l'intention de l'Administration, au sujet de l'exécution des travaux, était de les pousser activement. Il a invité les Adjudicataires à passer des marchés de chaux, briques, moellons, galets, bois, etc., etc., de manière à faire face à toutes éventualités. La campagne de 1857 ne comprenait que six mois, et déjà, pour ce délai, on annonçait l'intention de dépenser un million. N'était-ce pas là une preuve évidente que l'Administration croyait alors au délai de 18 mois ? Les Srs Escarraguel et consorts ont dû le penser devant une lettre aussi expressive, et leur conviction à ce sujet n'a pu qu'augmenter plus tard, lorsque, le 22 Juillet 1857, M. l'Ingénieur ordinaire (Ordre de Service, n° 3), revenant sur ce point, leur confirmait à nouveau que le crédit de F. 150,000 serait augmenté dans le courant de la campagne.

Quelques mois après, le 21 Novembre 1857, un nouvel acte de l'Administration venait s'ajouter aux deux premiers. Par arrêté préfectoral, pris sur la demande de M. l'Ingénieur en chef, les Entrepreneurs étaient mis en demeure, sous peine de régie, d'approvisionner 2,000 mètres cubes de galet par mois. Or, comme il fallait environ 10,000 mètres cubes de béton pour les fondations de la Forme-Sèche, par conséquent 16,000 mètres cubes de galet, il en résultait que la fourniture totale de ce galet comprenait huit mois. D'autre part, comme pendant l'approvisionnement prescrit, une partie du bétonnage devait être exécutée, il restait pour finir les bétons et tous les autres ouvrages, après les huit mois sus-indiqués, neuf autres mois qui étaient suffisants pour terminer tous les travaux. Il est donc évident que l'importance de l'approvisionnement mensuel du galet, prescrit par M. l'Ingénieur en chef, accuse chez lui un calcul fait à l'avance dans la pensée d'une exécution prompte des ouvrages. Les quantités et les époques qu'il indique sont trop positives pour qu'on puisse les attribuer au hasard ou à l'inattention. Elles concordent visiblement avec l'idée d'une exécution de la Forme en 18 mois, et on est forcé de reconnaître que M. l'Ingénieur en chef regardait alors ce délai comme une clause qui avait toute force. Sans cela, sa demande de mise en demeure des Entrepreneurs eût été, non une prudente précaution prise en temps, mais une exigence inutile que l'exiguité des crédits alloués eût rendue, on peut le dire, incompréhensible. La pensée de l'Administration que les travaux devaient s'exécuter en 18 mois, éclate donc dans tous ses actes, dans toutes ses déclarations de la manière la plus complète.

Deux mois plus tard un autre fait bien plus caractéristique encore venait le démontrer sans réplique. Le 4 Février 1858, les Adjudicataires de la Forme-Sèche écrivaient à M. l'Ingénieur ordinaire une lettre qui ne pouvait laisser aucun doute à ce sujet. Nous la recommandons particulièrement à l'examen du Tribunal. Elle établit avec des détails sur lesquels il n'est pas permis de se méprendre, en la plaçant en regard de la réponse qui y a été faite, combien alors il était et dans l'esprit de l'Administration et dans celui des Entrepreneurs, que les ouvrages devaient être finis en 18 mois, et que les articles 82 et I co-existaient sans se détruire. Par cette Lettre, en effet, les Sieurs Escarraguel et consorts rapprochent tout d'abord les deux articles précités et font connaître leur résolution de les vêtir l'un et l'autre. Ils rappellent le chiffre de dépense totale fixé à 2 millions et le subdivisent en dix-huit mois, soit à 110,000 francs par mois. Ils relatent ensuite avec soin le préjudice à eux causé par le retard apporté à l'approbation de l'adjudication et par l'exiguité du crédit alloué sur l'exercice de 1857. Tout retard nouveau, ajoutent-ils, nous causera, *nous devons le dire d'avance*, un tort considérable. Ils répètent que leur rabais a été basé sur une exécution des travaux dans *le délai de 18 mois*, et ils appellent toute l'attention de l'Administration sur ces points importants.

Quelle réponse reçoivent-ils ? Elle est consignée dans la lettre du 6 Février 1858 de M. l'Ingénieur ordinaire. Celui-ci les informe qu'un crédit de F. 334,000 est ouvert sur l'exercice 1858, mais que M. l'Ingénieur en chef, avec lequel il s'est entendu, trouve cette somme bien faible en raison du chiffre élevé de l'entreprise; que l'attention de l'Administration vient d'être appelée sur ce point et qu'on doit espérer qu'elle accordera un crédit supplémentaire qui permettra de conduire le travail avec toute l'activité désirable.

L'Administration, on le voit, mise catégoriquement par la lettre des Entrepreneurs en présence de la simultanéité d'être des articles 82 et **I** ne la conteste pas un seul instant. Prévenue que les travaux doivent être faits en dix-huit mois, elle ne relève à cet égard aucune erreur, aucune méprise ; elle n'avertit pas les Entrepreneurs qu'ils s'égarent, qu'ils se trompent, qu'ils entendent mal les articles 82 et **I**. Bien au contraire, elle les confirme dans leur pensée en reconnaissant elle-même que le Crédit alloué est trop faible et en annonçant que l'autorité supérieure va être éclairée sur le fait pour y remédier par un crédit supplémentaire !

Nous en appelons à la bonne foi ; ce langage de l'Administration ne prouve-t-il pas qu'à ce moment elle pensait, comme les Entrepreneurs, que les travaux devaient être faits en 18 mois? Le silence gardé par MM. les Ingénieurs, auteurs de l'article **I**, sur cet article et sur l'article 82 rappelés in-extenso en tête de la lettre des Sieurs Escarraguel et consorts, n'est-il pas une preuve irrécusable que les premiers avaient alors une opinion identique sur ce point avec les derniers? Comment au surplus supposer que les Ingénieurs, s'ils avaient cru que l'article 82 était supprimé, n'en auraient pas averti les Adjudicataires, en face de la déclaration si précise de ceux-ci? Se taire, — c'eût été les tromper. Nous ne pouvons l'admettre un seul instant.

Pour un moment changeons les rôles, c'est un moyen de rendre la vérité plus saisissante. Supposons que l'Administration à intérêt à soutenir que l'article **I** n'a pas remplacé l'article 82 et que le délai de 18 mois fixé pour l'exécution des travaux doit être appliqué. Que dira-t-elle dans ce cas? — Le voici :

« En ajoutant dix articles supplémentaires au Devis, l'Administration n'a pas changé
» ceux qui y étaient déjà inscrits. L'entête du libellé le dit assez. On y a mis, non pas :
» modifications au Devis, mais seulement : articles supplémentaires. Ce sont des obliga-
» tions nouvelles imposées aux Entrepreneurs ; ces obligations ne détruisent pas celles qui
» les précèdent. Les Entrepreneurs, pour s'en convaincre, n'ont besoin que de relire
» l'article supplémentaire **J**, ainsi conçu :

» Le devis du projet reste en vigueur pour tout ce en quoi il n'est pas dérogé par les
» présentes conditions supplémentaires. »

« Or, l'article **I** ne mentionne par aucun texte, par aucune expression que l'article 82
» cesse d'être en vigueur.

« D'un autre côté en spécifiant par l'article I que l'Entrepreneur devra conduire ses » travaux avec l'activité nécessaire pour assurer en temps utile l'emploi des crédits qui » auront été affectés sur les fonds de chaque exercice, on a voulu que les 2,000,000 de » francs à dépenser en dix-huit mois le fussent, non pas à raison de F. 111,111. 11 par » mois, ou à raison de un million par campagne, c'est-à-dire proportionnellement au délai » fixé et à ses divisions, on a voulu que cette dépense fût faite à la convenance de l'Ad- » ministration et par telle fraction de la somme totale qu'elle jugerait convenable de » fixer sur les deux exercices. Tel est le sens de l'article I.

» Cet article n'annule pas, ne remplace pas l'article 87, il le complète. Si l'Adminis- » tration avait eu l'intention de le remplacer ou de l'annuler, elle l'eût dit, selon son habi- » tude (comme elle l'a fait pour l'entreprise du Bassin-Dock); elle eût employé ces mots » consacrés : L'article 82 est supprimé et remplacé par l'article suivant : l'Entrepreneur » devra conduire ses travaux avec, etc... En prétendant que l'Administration a supprimé » et remplacé l'article 82 par l'article I, l'Entrepreneur fait dire à cette dernière ce qu'elle » n'a jamais dit ni voulu dire. Cela est de toute évidence. »

Tel serait, dans cette supposition, le langage de l'Administration et ce langage serait sans réplique. Or les Entrepreneurs le tiennent. Est ce que dans leur bouche la vérité deviendrait erreur?

Mais allons plus loin; accordons pour un moment que l'Administration a voulu supprimer l'article 82 du devis et le remplacer par l'article I du supplément. Admettons que la décision ministérielle du 9 Octobre 1856 prescrivait cette mesure, et qu'on a pensé l'avoir prise en rédigeant tel qu'il est l'article I. Cela établi, nous demandons si une intention qui n'est connue que de la partie qui l'exprime peut être regardée comme existant pour l'autre? Car il faut bien se pénétrer de ceci : La décision ministérielle, document de pure administration, n'a jamais été communiquée aux Soumissionnaires. Ils n'ont eu connaissance que du devis, du détail estimatif et de la série des prix. La décision ministérielle n'était que pour les agents de l'Administration et n'a été vue que d'eux seuls. Il fallait demander à en prendre lecture, dira-t-on peut-être ! A qui? à M. le Préfet? Mais ce fonctionnaire avait indiqué les pièces qu'il voulait communiquer aux concurrents; elles étaient déposées dans un bureau où on répondait : « Ce sont là toutes les pièces. » Pourquoi du reste étudier la décision ministérielle? Pour faire rédiger les articles du devis en d'autres termes que ceux qu'il avait plu à l'Administration de choisir elle-même? Personne ne pouvait avoir cette pensée, les Soumissionnaires surtout. Devaient-ils, ces derniers, avant l'adjudication, commenter, interpréter l'article I et prétendre qu'il leur en fût donné acte? Non, évidemment. Les conditions du marché étaient arrêtées, définitives, et toute soumission qui aurait contenu une réserve, une condition quelconque à ce sujet aurait été rejetée. Il ne faut donc pas faire un reproche aux Adjudicataires de ce qu'ils n'ont pas pris une précaution contraire à l'usage, ou formulé une demande qui n'aurait pas été accueillie. Par conséquent, si l'Administration a eu l'intention de supprimer l'article 82 et de le remplacer par l'article I, les sieurs Escarraguel, Vivenot et Roulet n'en ont pas eu connaissance ; ils ont été trompés, si on préfère ; et, dans ce cas, l'intention de l'Administration est et demeure comme si elle n'existait pas pour eux.

Quant à l'intention des Srs Escarraguel, Vivenot et Roulet, elle s'est manifestée clairement dès le principe. L'Administration l'a connue. Leur lettre du 4 Février 1858 en fait foi de la manière la plus explicite.

A ce point de vue, on ne peut donc le contester, de la part de l'État l'intention est restée cachée jusqu'au 8 Novembre 1859 ; tandis que de la part des Entrepreneurs elle a été franchement accusée à la première occasion, et vingt-deux mois avant que l'Administration s'expliquât elle-même.

Nous donnons ci-après deux tableaux dont les chiffres permettront au Conseil de juger la situation qu'on veut faire aux demandeurs.

1° — FORME SÈCHE

TRAVAUX EXÉCUTÉS DANS LE DÉLAI DE 18 MOIS

	ACTIF	PASSIF
Somme totale à recevoir de l'État pour l'ensemble des travaux, rabais de F. 9 50 déduit............	F. 1,810,000 —	F. — —
Somme totale à payer pour l'ensemble des travaux au prix brut de revient	» — —	» 1,609,100 06
Intérêts et dépréciation du matériel, intérêts du fond de roulement et de la retenue de garantie, appointements du personnel, indemnités, locations et frais divers à F. 6,133 33 par mois, pour 18 mois	» — —	» 110,399 94
TOTAUX..........................	F. 1,810,000 —	F. 1,719,500 —

Bénéfice net (calcul de soumission)................. F. 90,500 —

2° — FORME SÈCHE

TRAVAUX EXÉCUTÉS DANS UN DÉLAI DE 4 ANNÉES

	ACTIF	PASSIF
Somme totale à recevoir de l'État pour l'ensemble des travaux, rabais de F. 9 50 déduit	F. 1,810,000 —	F. — —
Somme totale à payer pour l'ensemble des travaux au prix brut de revient	» — —	» 1,609,100 06
Intérêts et dépréciation du matériel, intérêts du fond de roulement et de la retenue de garantie, appointements du personnel, indemnités, locations et frais divers à F. 6,133 33 par mois, pour quatre années	» — —	» 294,399 84
TOTAUX	F. 1,810,000 —	F. 1,903,499 90
Perte	F. 93,499 90	

Dans le premier cas, exécution en dix-huit mois, il y a un bénéfice de F. 90,500; dans le second, exécution en quatre années, il y a, au contraire, une perte de F. 93,499 90 c. Cela vient de ce que la différence entre le prix reçu et le prix donné reste toujours la même, tandis que les pertes d'intérêts, du matériel, d'appointements, etc., etc., augmentent en raison de la durée du travail. Les Entrepreneurs avaient donc bien raison de dire : notre rabais de F. 9 50 par cent francs a été basé sur une durée des ouvrages de dix-huit mois. Cette condition, si elle était changée et le délai s'il était prolongé, feraient de notre rabais, une erreur, une déception ; notre marché serait ruineux. Aussi, alors même que l'État n'aurait pas pris l'engagement de mettre les Entrepreneurs en mesure de terminer leurs travaux dans un délai de dix-huit mois, il n'en devrait pas moins, en bonne justice, leur tenir compte des dépenses excessives qu'il les oblige de faire pendant deux années de plus que les prévisions réelles et premières du Devis. Admettre que l'on pourrait enchaîner un Entrepreneur presque indéfiniment au travail sans l'indemniser des pertes que, par ce fait, on lui imposerait, ce serait fouler aux pieds les plus simples notions de l'équité. Mais ici ce n'est pas le cas, un délai a été fixé, et les dépenses générales de l'entreprise ont un terme, de même que les travaux. L'État doit s'exécuter loyalement en tenant sa promesse, ou permettre aux Entrepreneurs trompés de revenir sur leur rabais, car l'obligation ne peut exister pour eux sans exister en même temps pour lui ; et s'il y avait doute sur le sens de l'obligation respective, celle-ci devrait encore, aux termes du Code Napoléon, article 1162, être interprétée en faveur des Entrepreneurs auxquels la charge réelle est attribuée.

Avant de finir cet examen, nous devons dire encore quelques mots sur les articles 34 et 36 des clauses et conditions générales, car il pourrait arriver, dans la circonstance, qu'on crût devoir les invoquer. A ce sujet, nous ferons remarquer que l'article 89 du Devis de la Forme-Sèche, en mentionnant que les Entrepreneurs seront soumis aux clauses et conditions générales annexées à la Circulaire du Directeur général des Ponts et Chaussées, en date du 25 Août 1833, spécifie que ce ne sera que sous la réserve des dérogations portées au Devis. Voilà qui est donc bien entendu : Les clauses et conditions générales sont obligatoires pour les Entrepreneurs, sauf les dérogations qui résultent des conditions particulières insérées au cahier des charges. Eh bien! nous le demandons, la clause insérée au Devis de la Forme-Sèche (article 82), qui prescrit de faire et finir les travaux dans un délai de dix-huit mois, n'est-elle pas une dérogation aux articles 34 et 36 des clauses et conditions générales? Comment comprendre, en effet, la cessation absolue des travaux, leur ajournement indéfini, leur simple suspension, même temporaire, avec l'obligation de les terminer dans un délai de 18 mois? Si l'article 82 du Devis a la moindre valeur, l'Administration ne peut pas arrêter les travaux, les ajourner, les faire cesser; et si elle les retarde, ajourne, ou suspend, le délai de 18 mois, l'article 82 ne signifient plus rien. C'est là un dilemme dont on ne peut sortir.

Mais en prescrivant de terminer les travaux dans un délai de 18 mois, l'Administration, ajoutera-t-on peut-être, n'a pas pour cela renoncé à son droit de faire cesser les travaux, de les ajourner, d'y affecter tels crédits qu'il lui plaira. Devant un pareil raisonnement, s'il était tenu, nous demanderions si on parle sérieusement. Eh quoi! vous voudriez imposer aux Entrepreneurs l'obligation de terminer les travaux dans un délai précis et vous prétendriez néanmoins vous conserver le droit de les ajourner, de les retarder, de les faire cesser. Mais ce serait là une clause potestative au suprême degré. L'engagement est bilatéral; s'il existe pour l'une des parties, il doit exister aussi pour l'autre. C'est aller contre la raison et le droit que de prétendre le contraire. Ne venez donc pas invoquer un privilége, il ne peut y en avoir devant la Justice.

Est-ce que l'article 82 du Devis comporte, au reste, une pareille supposition? Que dit cet article? Que les Entrepreneurs commenceront les ouvrages huit jours après l'approbation de l'adjudication; qu'ils y emploieront autant d'ouvriers que faire se pourra; que tous les travaux devront être terminés 18 mois après l'approbation du marché; et que, s'il est nécessaire de travailler la nuit, les frais d'éclairage seront pour le compte de l'entreprise. En présence de termes aussi impératifs, est-il permis de méconnaître un seul instant la volonté de l'Administration de renoncer à l'ajournement des ouvrages, à leur cessation, à leur interruption même provisoire? Non. L'article 82 du Devis déroge donc formellement, en termes puissants, aux articles 34 et 36 des clauses et conditions générales.

Au surplus, il ne s'agit pas ici de ces deux articles, car les Srs Escarraguel et consorts ne réclament pas une indemnité soit pour retard de paiement, soit pour cessation absolue ou ajournement indéfini des travaux. L'État n'a usé ni de l'article 34 ni de l'article 36 des clauses et conditions générales. Il n'a jamais ordonné la cessation, l'ajournement des ouvrages, il a payé quand et comme il a voulu. Les causes de la plainte sont non pas dans le manque de fonds et dans une cessation prescrite du travail ; elles résident uniquement dans ce que les projets de la Forme n'étaient pas prêts ; dans ce que les terrains n'étaient pas achetés ; dans ce que l'adjudication n'a été approuvée que sept mois après la mise au concours ; dans ce que les ciments à fournir par l'État ont manqué ; dans ce que les épuisements n'ont pas eu lieu ; etc..... tous faits étrangers aux articles 34 et 36, tous faits provenant de l'imprévoyance et de la négligence de l'Administration, laquelle, sans ordonner, répétons-le, la cessation des travaux ou leur ajournement ; en signalant, au contraire, chaque fois l'exiguité des crédits, et en en promettant sans cesse de nouveaux, a ainsi, de mois en mois, tenu les Entrepreneurs en haleine, avec des frais généraux énormes, sans leur permettre de les utiliser pour l'exécution des travaux dans les délais du Devis. Ne parlons donc pas de retards de paiement, de cessation ou d'ajournement des ouvrages, ce sont là choses étrangères à la cause ; il ne s'agit que d'un délai d'exécution convenu auquel les Entrepreneurs ont toujours demandé à satisfaire et que l'État n'a pas voulu. Mais, en vérité, si celui-ci a le droit, quand même, de suspendre les travaux, de les faire cesser, pourquoi n'en a-t-il pas usé? Pourquoi, dès qu'il a vu que la construction de la Forme ne pouvait avoir lieu dans le délai prescrit, n'a-t-il pas ordonné la cessation absolue des travaux ou leur ajournement indéfini? C'est l'Administration qui, n'observant ni l'article 82 du Devis, ni l'article 36 des clauses et conditions générales, cause tout le dommage et elle refuserait de le réparer? Nous ne pouvons l'admettre.

Nous nous résumons : l'article 82 du Devis n'a pas été supprimé et remplacé, car aucune expression, aucun texte ne l'indique d'une manière franche et intelligible. L'article I ne peut s'entendre que comme s'appliquant au quantum du crédit à affecter sur chacun des deux exercices de 1857 et 1858. La co-existence naturelle des articles 82 et I est prouvée par tous les Devis où un délai est fixé pour l'exécution des ouvrages ; elle est de règle, et les deux articles ne s'excluent pas l'un par l'autre : L'interprétation de l'article I, donnée par les Entrepreneurs, est logique et rationnelle, tandis que celle présentée par l'Administration est outrée et abusive. L'opinion des parties a été la même dans le principe et nettement accusée par chacune d'elles. La Décision Ministérielle du 9 Octobre 1856, pièce intime d'Administration, n'a pas été communiquée aux Entrepreneurs : ils n'ont connu que le Devis ; ils ne pouvaient baser leur opinion que sur ce titre, et c'est le seul qu'on puisse, en droit, leur opposer. L'intention des Srs Escarraguel et consorts, manifestée de la façon la plus explicite, le 4 Février 1858, n'a pas été contredite par les agents de l'État ; ce n'est que deux ans après que ceux-ci exhumant, pour les besoins de la cause, une décision connue d'eux seuls, dans ses vrais termes, ont soutenu pour la première fois la nullité de l'article 82, alors que le mal était fait. Au fond, les Entrepreneurs ont calculé leur rabais sur une durée des ouvrages de 18 mois, et, dans ce cas, ils avaient un bénéfice de F. 90,500 ; l'exécution en quatre années les constitue, au contraire, en perte de F. 93,499 90. Ils ne peuvent, par conséquent, être victimes de l'erreur où ils sont tombés par suite des termes ambigus dont l'Administration s'est servie. Si cette dernière a voulu supprimer l'article 82 et le remplacer par l'article I, elle l'a fait en des termes tels que les Entrepreneurs ont dû y être trompés. Elle est donc seule responsable de cette erreur, et elle ne peut prétendre au bénéfice d'un rabais fait sur un mal entendu provoqué par sa faute.

Les articles 34 et 36 des clauses et conditions générales imposées aux Entrepreneurs ne peuvent être invoqués dans l'espèce, puisqu'il y est dérogé par l'article 82 du Devis, et que l'État n'a pas ordonné la cessation ou l'ajournement des travaux.

La demande des Srs Escarraguel, Vivenot et Roulet est donc fondée à tous les points de vue. Elle sera accueillie par le Conseil.

TROISIÈME CHEF

RETARD DANS L'APPROBATION DE L'ADJUDICATION

Les Entrepreneurs de la Forme-Sèche s'exprimaient ainsi sur ce point :

« Tranchée le 21 Novembre 1856, l'adjudication n'a été approuvée par M. le Mi-
» nistre des Travaux publics que le 24 Juin 1857, sept mois après ! Pendant sept mois
» entiers et consécutifs, nous avons attendu de jour en jour, avec nos commis à notre
» charge, l'approbation de notre marché. Nous avons fait venir au Havre nos chevaux,
» outils et machines, pour être prêts à fonctionner à la première demande de l'Adminis-

» tration, car (art. 82 du Devis précité) nous étions tenus de commencer les terrasse-
» ments dans un délai de huit jours après l'approbation de l'adjudication. Il nous fallait,
» par conséquent, être toujours prêts, toujours en mesure. L'article 6 des clauses et
» conditions générales imposées aux Entrepreneurs est, du reste, formel sur ce point;
» il dit : « à l'époque fixée par l'adjudication, l'Entrepreneur mettra la main à
» l'œuvre, etc. »

« Sachant bien que le délai normal pour l'approbation d'une adjudication régulière
» n'est que de quinze à vingt jours, nous avons dû nous tenir prêts dans ce délai.
» Mais ces précautions si sensées sont devenues une cause de dommage pour nous,
» puisque, pendant près de sept mois, nous avons été forcés de garder notre matériel,
» nos chevaux, nos agents et nous-mêmes sans emploi utile.

» L'Administration, nous le reconnaissons, n'était pas tenue d'approuver l'adjudica-
» tion dans un délai fixe, impératif; mais à défaut de stipulation précise à ce sujet, il
» y a l'équité qui s'oppose à ce qu'on mette sept mois pour remplir une formalité qui
» pouvait l'être dans quelques jours. Peut-on concevoir la mise en adjudication d'un
» travail sept mois à l'avance, sans avertissement aucun? Est-il équitable d'appeler des
» Entrepreneurs à une œuvre qui doit être rapidement exécutée, d'après les termes du
» marché, pour les laisser ensuite battre le pavé, qu'on nous permette l'expression, pen-
» dant la moitié d'une année? Nous ne le pensons pas, et le tort qui nous a été fait,
» en cette circonstance, est trop évident pour que l'Administration ne le reconnaisse
» pas.

» Ce préjudice s'est aggravé encore d'une autre circonstance particulière que voici :
» Empêchés jusqu'au 24 Juin 1857 de faire nos marchés avec les fournisseurs, à cause
» de la non-approbation de l'adjudication, nous n'avons pu conclure ces dits marchés
» qu'après cette époque, c'est-à-dire au moment même où les affiches relatives à l'adju-
» dication de l'Écluse de la Citadelle, au Havre, décidaient les fournisseurs à élever
» subitement leurs prix. Il en est résulté que certains matériaux (briques, granits, chaux
» et moellons) que nous eussions obtenus, dans les premiers jours de 1857, aux prix
» prévus par nous dans nos calculs de soumission, se sont élevés immédiatement et de
» beaucoup au-dessus de leurs cours de Décembre 1856 et Janvier 1857, cours auxquels
» nous avions calculé et dû calculer de les acheter.

» Le retard mis à l'approbation de l'adjudication, retard auquel nous ne devions pas
» nous attendre, et qui provient uniquement du fait de l'Administration, laquelle avait

» mis intempestivement au concours un travail dont les projets, pièces et crédits n'étaient » pas prêts, ce retard, disons-nous, nous a donc porté un grave et double préjudice.

» Sur le premier chef, il s'est élevé à F. 10,300 ; et sur le second à F. 33,000. Nous » en donnons le détail ci-après :

» Perte de F. 1 par cheval et par jour, pour 15 chevaux employés à des bricolages, » soit F. 15 × 30 = F. 450 par mois, pour six mois .... F. 2,700 —

» Trois commis à F. 200 l'un par mois, pour six mois .... » 3,600 —

» Emmagasinage, loyer, déplacement et usure du matériel d'origine, six mois .... » 4,000 —

» Total du premier Chef .... F. 10,300 —

» 2,500 mètres cubes de granit brut à F. 7 par mètre cube de » hausse dans les prix .... F. 17,500 —

» 5,000,000 briques rouges grésées à F. 2 par mille de hausse » de prix .... » 10,000 —

» 10,000 mètres cubes de moellons des coteaux de Graville, » à F. 0 25 de hausse de prix par mètre cube .... » 2,500 —

» 3,000 mètres cubes de chaux de la Hève à F. 1 de hausse » par mètre .... » 3,000 —

» Total du deuxième Chef .... F. 33,000 —

Voici la réponse faite à cette double demande par Son Excellence M. le Ministre des Travaux publics :

« MM. les Ingénieurs répondent qu'en droit cette question est résolue formellement » contre les Entrepreneurs par l'article 3 des clauses et conditions générales :

» Ils ajoutent qu'en équité la demande n'est pas plus fondée, car :

» En premier lieu rien n'est plus facile, au Havre, que d'organiser très rapidement
» un grand atelier de terrassement, sans le secours des précautions que les réclamants
» disent avoir prises d'avance. »

» En second lieu, diverses circonstances ont amené, en 1857, une baisse dans le
» prix des matériaux, en sorte que le retard mis à l'approbation de l'adjudication a dû
» être plus avantageux que nuisible aux Adjudicataires. »

Nous allons démontrer au Conseil que les trois motifs de rejet, ci-dessus signalés, n'ont aucune valeur.

D'abord l'article 3 des clauses et conditions générales n'a pas un rapport réel avec la demande des Entrepreneurs. Il est uniquement relatif à l'homologation de l'adjudication avec ou sans changement et au non-droit de l'Adjudicataire à indemnité si l'homologation est refusée. Mais il ne s'applique pas au retard que l'approbation de l'adjudication peut souffrir. — Or, c'est là *précisément* ce dont il est question dans le cas.

MM. Escarraguel, Vivenot et Roulet ne se plaignent pas de changements faits au Devis ou au projet, lors de l'homologation du marché; ils ne réclament pas sur les bénéfices qu'ils auraient pu faire à l'occasion de fournitures et de main-d'œuvre supprimées ; ils ne disent pas que le projet a été dénaturé de manière à opérer sur le prix total une différence de plus d'un sixième ; ils ne prétendent à aucune indemnité pour ce motif que l'adjudication n'a pas été approuvée. Il ne s'agit de rien de tout cela dans leur demande. Le grief articulé par eux est basé sur ce que leur marché, qui devait être approuvé en Décembre 1856, ne l'a été qu'en Juin 1857. C'est de ce retard insolite, extraordinaire, imprévoyable, qu'ils se plaignent. Vainement nous étudions l'article 3 précité, nous n'y voyons rien qui touche, ni de près, ni de loin, au fait qui nous occupe. Nous ne comprenons pas dès lors que M. le Ministre ait répété avec MM. les Ingénieurs qu'en droit la question est résolue contre les Entrepreneurs par l'article 3 des clauses et conditions générales. Le dernier paragraphe de cet article porte, il est vrai, que l'Adjudicataire ne pourra prétendre à aucune indemnité dans le cas où l'adjudication ne serait pas approuvée ; mais quelle complaisance qu'on y mette, on ne peut en induire, comme l'ont voulu faire MM. les Ingénieurs, que le droit de ne pas approuver l'adjudication confère celui de retarder cette approbation indéfiniment, *ad libitum*, et de l'accorder ensuite. C'est là une conséquence dont les nombreux commentateurs des clauses et conditions générales ne s'étaient pas encore doutés et qu'aucun d'eux n'a tiré des termes de l'article 3.

Oui, en vertu de cet article, le Ministre, supérieur hiérarchique des fonctionnaires qui procèdent à l'adjudication, peut ratifier ou ne pas ratifier cette opération, sans que l'Adjudicataire puisse prétendre à une indemnité. Nous le reconnaissons. C'est un privilége que l'État s'est attribué de ne pas être lié, bien que le Soumissionnaire le soit, avant l'homologation ministérielle. Mais nous pensons que l'Administration Supérieure doit prendre un parti, approuver ou refuser d'approuver l'adjudication, non pas à l'instant et dans un délai précipité, mais dans le mois qui suit l'adjudication, parce que ce terme est plus que suffisant pour remplir toutes les formalités nécessaires. Admettre que le Ministre peut garder l'engagement des Entrepreneurs, trois mois, quatre mois, sept mois dans ses mains sans dire s'il accepte ou s'il refuse, c'est ajouter au premier privilége, dont nous avons parlé, un second bien plus exorbitant, et qui n'a pas, celui-ci, un texte de règlement pour le justifier ou l'excuser.

Un retard prolongé, extraordinaire, dans l'approbation d'une adjudication est, du reste, contraire à l'esprit de l'Ordonnance du 10 Mai 1829, réglementaire en la matière. L'article 17 porte, en effet : qu'il sera dressé pour chaque adjudication un procès-verbal des opérations ; qu'une copie de ce procès-verbal sera transmise immédiatement, avec les pièces qui devront l'accompagner, au Directeur Général des Ponts et Chaussées, dont l'approbation sera nécessaire pour rendre l'adjudication valable et définitive. La transmission immédiate, sans retard, de la copie du procès-verbal d'adjudication, à l'autorité supérieure, prouve donc qu'il est dans l'esprit de l'Ordonnance que les formalités d'approbation soient remplies promptement. L'Ordonnance ne veut pas que les fonctionnaires qui ont procédé à l'adjudication retardent l'homologation ministérielle en retenant les pièces, elle en prescrit l'expédition immédiate. Pourquoi ? Serait-ce pour que le Directeur Général des Ponts et Chaussées ou le Ministre les gardâssent indéfiniment dans leurs mains sans les admettre ou les rejeter ? Non, cela ne saurait être. Une solution approbative ou négative, mais prompte et immédiate, est exigée par l'Ordonnance. Attendre sept mois pour se décider, c'est aller contre son texte et son esprit.

D'un autre côté, alors même que les règlements et l'usage ne feraient pas un devoir à l'Administration Supérieure d'approuver ou de rejeter immédiatement, c'est-à-dire dans le mois au plus qui suit l'adjudication, la soumission qui lui serait remise ; la plus simple équité lui imposerait encore l'obligation de se déterminer dans un bref délai. Car il ne faut pas oublier que le Soumissionnaire seul est lié, que l'État ne l'est pas ; que l'Entrepreneur ne peut pas retirer, en droit, son engagement, et que, tant qu'on le lui retient, on immobilise sa fortune, on enchaîne son industrie, sa personne, tous ses moyens. Main-

4

tenir cette situation pour l'Adjudicataire, pendant plus de la moitié d'une année, c'est, il faut le dire, prendre vis-à-vis de lui une position léonine, commettre une injustice.

Et qu'on ne vienne pas dire que les demandeurs pouvaient faire cesser cette situation en retirant leur soumission. La question a été jugée, arrêt du 18 Juin 1846. L'Adjudicataire qui ne s'exécute pas est tenu de payer à l'État, s'il y a lieu, une indemnité pour la différence du prix de son adjudication avec celui de la réadjudication consentie à un autre Entrepreneur. Or, la différence entre la soumission des Srs Escarraguel et consorts et celle de M. Garnier, qui les suivait, était de F. 50,000. MM. Escarraguel et Cie ne pouvaient donc pas s'exposer au risque de payer cette somme et peut-être plus. Nous l'avons déjà dit, du reste, ils ne pouvaient plus reculer. Tout leur matériel était rendu au Havre, fin Décembre 1856, et les familles Vivenot, Roulet et Duffieu y étaient installées définitivement, pour deux années, avec tous les agents de l'Entreprise. C'est ainsi que de semaine en semaine, de mois en mois, et chaque jour de plus en plus engagés par leurs dépenses quotidiennes, ils ont été conduits à attendre jusqu'au 24 Juin 1857, époque où on leur a fait savoir enfin que l'adjudication était approuvée.

Faut-il maintenant que toutes ces pertes leur restent pour compte et qu'on rejette leur réclamation, à ce sujet, par un article des clauses et conditions générales qui ne s'y applique en aucune façon ? Comment ! vous mettez au concours un ouvrage de plusieurs millions sans avoir un projet définitif, sans posséder ni les terrains ni les crédits utiles, sans pouvoir homologuer l'adjudication en temps voulu, et vous prétendez ne payer aucune indemnité aux Entrepreneurs dont vous enchaînez et les personnes et les ressources ! Quelle maison de commerce oserait prescrire à un capitaine de tenir son navire sous vapeur prêt à prendre la mer au premier signal, et qui le gardant ainsi avec une forte dépense journalière pendant des mois entiers, lui répondrait ensuite : Je ne vous dois rien ! Il suffirait de poser l'affaire devant un tribunal quelconque pour qu'elle fût jugée contre la maison de commerce sur le simple exposé des faits. Eh bien ! c'est là précisément la situation qu'on a faite aux Entrepreneurs de la Forme-Sèche ; on les a tenus, eux, leurs agents, leurs chevaux, leur matériel, qu'on nous permette la métaphore, sous vapeur pendant sept mois, et on refuserait de leur tenir compte de leurs pertes! — Le Conseil ne le permettra pas.

La nullité du premier motif invoqué pour rejeter la demande des Srs Escarraguel et Cie étant démontrée, voyons quelle est la valeur du second.

Rien n'est plus facile, dit-on, que d'organiser, au Havre, très rapidement un grand atelier de terrassements sans le secours de précautions prises à l'avance.

Nous en demandons bien pardon à MM. les Ingénieurs. Il est impossible de monter un grand atelier de terrassements, au Havre plus qu'ailleurs, sans des précautions prises à l'avance. Dans un port, où le mouvement commercial est considérable, où les ouvriers se casent facilement et où les instruments de travail se trouvent, par la même raison, facilement utilisés; il est fort difficile, on le comprend aisément, de détourner de leur emploi, subitement, les hommes et les choses. Le seul moyen d'y réussir, et le succès n'est pas toujours certain, c'est d'offrir des prix de beaucoup supérieurs à ceux du jour. Mais aucune personne sensée ne conseillerait à un Entrepreneur qui va commencer un chantier, d'y appeler rapidement des ouvriers avec l'offre d'une augmentation notable sur les salaires, ou d'acheter des instruments de travail à un cours qu'il surélèverait lui-même. L'emploi de ce moyen ne ferait que rendre les ouvriers exigeants, difficiles, ainsi que les fournisseurs, et il conduirait les Entrepreneurs à une perte certaine. Ce n'est pas de cette façon et par l'emploi de pareilles mesures que les praticiens organisent, en commençant surtout, un vaste atelier. Ils recourent à des voies plus rationnelles, plus prudentes, en suivant la route ordinaire, sans lenteur, mais sans précipitation. Or, dans ce cas, il est impossible, au Havre, d'organiser un grand atelier de terrassements sans s'y prendre longtemps à l'avance. En effet, par le motif que nous citions tout à l'heure (mouvement d'un port considérable), chaque marchand, fabricant ou fournisseur a son courant de clientelle à servir chaque jour et si on vient lui demander un surcroit de produit, il demande naturellement un certain délai pour livrer. Si MM. les Ingénieurs avaient eu à commander un matériel aussi considérable que celui de la Forme-Sèche, ils ne se seraient certainement pas hasardés à dire qu'on monte très rapidement un grand atelier de terrassements. Pour arriver à son organisation complète, il faut au contraire un délai fort long. Et à moins de se livrer à des dépenses excessives, déraisonnables, on doit s'y prendre à l'avance, sans quoi on ne fait rien de bon.

En présence des articles 82 du Devis, et 6 des clauses et conditions générales, les Entrepreneurs de la Forme-Sèche ne pouvaient pas attendre l'approbation de l'adjudication pour s'organiser; car, s'ils l'eûssent attendue, il leur eût été impossible de commencer les terrassements huit jours après, ainsi qu'ils y étaient tenus. Ils ont, par conséquent, dû prendre les mesures de prévoyance qu'on essaie aujourd'hui de faire regarder comme inutiles. Lorsqu'on a un matériel d'une valeur de cent mille francs à créer, il est indispensable, cela saute aux yeux, de s'y prendre longtemps à l'avance, et on ne le monte pas dans huit jours.

Au surplus, il est impossible de faire faire, même trente brouettes, dans le plus fort atelier de charronnerie du Havre, en huit jours; car il ne faut pas croire que tous les ouvriers charrons travaillent aux brouettes. Il y a dans chaque atelier des ouvriers pour la brouette, d'autres pour le tombereau, d'autres pour la charrette, d'autres pour la voiture, etc., etc. Cela fait que chaque article demande un délai forcé pour être fait. Les hommes du métier le savent tous. Aussi, même à prix d'argent, il faut se soumettre à ces délais de rigueur, et ils sont d'autant plus longs que les instruments commandés sont plus coûteux, exigent des soins plus grands, et des pièces de bois plus rares.

Pour satisfaire aux prescriptions du Devis, que les Entrepreneurs avaient prises au sérieux (V. l'article 38), il fallait attaquer tous les terrassements à la fois. Or, pour cela, il était indispensable de posséder au moins cent brouettes, vingt tombereaux, une charrette, vingt wagons, sept à huit mille mètres linéaires de madriers, cinq à six mille mètres de rails, autant de traverses, le double de coins; quarante-cinq à cinquante chevaux, des forges, des écuries, des bureaux, des pelles, des pioches, des pompes, une foule d'ouvriers, de nombreux commis, etc., etc. Eh bien! tout cela ne se crée pas dans huit jours, facilement et rapidement, comme l'ont prétendu MM. les Ingénieurs, cela exige des mois entiers, une grande activité, une longue habitude, et des précautions prises à l'avance avec une attention et une vigilance soutenues.

Le second motif invoqué pour rejeter la demande des sieurs Escarraguel, Vivenot et Roulet, est donc, comme le premier, sans valeur aucune; et il a, de plus, le tort d'être contraire à la vérité.

Il en est de même du troisième motif, basé sur une prétendue baisse dans le prix des matériaux, et sur l'avantage qu'en auraient retiré les Adjudicataires. Ceux-ci ont acheté, en 1857, et achètent encore les briques 2 fr. par mille de plus qu'en 1856, à M. Vaghi (Charles), rue Joinville, n° 7, au Havre, et 1 fr. de plus par mille à MM. Vivien père et fils, à Honfleur. Ils payent les granits 5 et 7 fr. par mètre cube de plus qu'en 1856, à M. Auguste Bertrand, marchand de granit, à Dielette (Manche). Ils ont été obligés de donner et donnent 25 c. par mètre cube de moellons des coteaux de Graville de plus qu'en 1856, à M. Charles Vaghi, 7, rue Joinville, au Havre. Ils payent la chaux 25, 26 et 27 fr. le mètre cube à MM. Levaillant, Coursault et Collé, demeurant au Perrey, au Havre, tandis qu'en 1856 ils ne la payaient à leurs fournisseurs que 24 fr. le mètre cube, dans les mêmes conditions. Le prix des journées des ouvriers a augmenté de plus de 25 p. 0/0 sur 1856, et cette augmentation menace de croître encore. Les pavés ont été et sont encore l'objet d'une hausse notable sur les prix de 1856. Tous les faits ci-dessus, excepté les deux derniers, ont été signalés à Son Excellence M. le Ministre des Travaux publics par les demandeurs, le 6 Février 1859 (Voir leur lettre). Ils les maintiennent aujourd'hui tous, et déclarent, de la manière la plus formelle, s'inscrire en faux contre toute énonciation nouvelle qui y serait contraire. Il y a eu hausse presque générale en 1857, sur les prix de 1856, et cette hausse se continue. Telle est la vérité. MM. Escarraguel, Vivenot et Cie, afin d'en finir sur ce point, et pour éclairer le Conseil, demandent que trois experts, nommés d'office par ce dernier, vérifient les faits sur les lieux, et les assertions contradictoirement produites. Si MM. les Ingénieurs ont confiance dans ce qu'ils ont avancé à ce sujet, ils se joindront pour cela aux demandeurs, qui soutiennent que la baisse de 1857 est imaginaire, tandis que la hausse est véritable et peut se démontrer matériellement.

Nous ne savons si de nouveaux arguments seront plus tard produits sur le chef qui nous occupe; mais nous pouvons dire que les trois que nous venons d'examiner sont sans valeur, et que, dès-lors, la demande formulée par Escarraguel, Vivenot et Roulet, sur ce chef, reste entière et doit être accueillie.

QUATRIÈME CHEF

INTERRUPTION ET INSUFFISANCE DES ÉPUISEMENTS

DIRES DES ENTREPRENEURS

» Par l'article 80 du Devis, les épuisements généraux sont mis à la charge de l'État, » qui doit les faire avec des pompes établies par lui.

» Les épuisements partiels sont seuls à la charge des Adjudicataires, qui sont tenus de » diriger les eaux vers les divers puisards établis par l'Administration.

» Les épuisements inutiles (Article 81), restent à la charge des Entrepreneurs, et par » contre, comme une conséquence forcée de ce principe, les épuisements incomplets ou le » défaut d'épuisement produisent contre l'État un droit à dommages-intérêts au profit de » l'Entreprise. »

» Tel est le fond de la convention.

» A l'origine des ouvrages, M. l'Ingénieur en chef eût l'idée de vider la Forme-Sèche par

» un canal de communication dans le Bassin-Dock. Ce canal fut exécuté par l'Administration, en régie, et tant qu'il a pu servir d'écoulement aux eaux les travaux n'ont pas souffert. Les épuisements ont été complets, efficaces. Mais lorsque les déblais ont commencé » à se niveler avec le conduit de décharge des eaux, il a fallu recourir à l'installation des » pompes à feu pour continuer les épuisements. A ce moment, l'Administration a fait » creuser un puisard et a monté une pompe. On y a adjoint, à titre d'auxiliaire, peu de » temps après, une locomobile de 4 à 5 chevaux effectifs. Malheureusement, cette pompe » et son aide étaient dans un état d'usure tel, que fréquemment l'une ou l'autre s'arrêtaient. Il en est résulté des épuisements toujours incomplets, et souvent des inondations » totales de tous les ateliers.

» Nos lettres des 25 Juin, 1er Juillet, 12 Juillet et 26 Août 1858, constatent les particularités de ces interruptions, et traduisent en chiffres le dommage qui en provenait » par chaque jour de retard.

» A la première pompe, dont nous parlions ci-dessus, et à la locomobile, on a joint plus » tard une deuxième grande pompe également détraquée. Mais, malgré l'emploi de tous » ces moyens, les épuisements n'en ont pas moins présenté une insuffisance notable et des » moments d'arrêt complets.

» A ce sujet, de même que l'Administration, nous avons tenu un journal des faits, jour » par jour, avec toutes les circonstances produites. Il accuse que depuis le commencement » des travaux jusqu'au 14 Décembre 1858, les épuisements ont été interrompus et nous » ont empêché de travailler pendant quatre-vingt-six jours. Actuellement, notre chantier » est complètement inondé, et il le sera encore plus d'un mois. On remplace en ce moment aux appareils les parties hors de service qu'on y avait laissé mettre.

» Un relevé *ad hoc*, explicite et détaillé, joint à notre lettre du 12 Juillet 1858, et » remis à M. l'Ingénieur ordinaire, établit le dommage, qui résulte pour nous, pour » chaque jour d'interruption. Ce dommage est de 233 fr. 16 c.

» A ces données, il faut joindre l'envasement des ateliers qui se produit chaque fois » que les épuisements cessent, et qui entraîne, avant la reprise des ouvrages, un nettoiement d'autant plus coûteux qu'il consiste à enlever, non plus des déblais, mais des » boues liquides qu'on ne sort de la fouille qu'avec des balais et des pelles creuses en bois. » C'est un travail des plus difficiles qu'on puisse imaginer.

» En outre, à chaque envahissement des eaux par cessation du service des pompes, les » argiles et sables bouillants comblent la rigole centrale du fond de la Forme, destinée à » conduire les eaux au puisard, et exigent ainsi un travail périodique.

» Nous avons constaté que le curement de la rigole, à chaque interruption d'épuise- » ment, a exigé l'emploi d'un atelier de douze hommes pendant deux jours, et que le » nettoiement des surfaces du fond de la Forme a pris, pour le même cas, en moyenne, » quinze journées de manœuvres.

» Par conséquent, chaque interruption des épuisements entraîne, indépendamment de » la dépense signalée plus haut de 233 fr. 16 c. par jour de retard, un ouvrage supplé- » mentaire et spécial de trente-neuf journées de manœuvre à 3 fr. l'une, soit 117 fr., ce » qui, pour les quatre-vingt-six jours où les épuisements se sont interrompus jusqu'au » 14 Décembre 1858, fait une somme dépensée de F. 10,062.

» Nous finirons sur ce point en constatant que l'Administration a eu tout le temps » désirable pour établir son système d'épuisement et le mettre en état de fonctionner sans » interruption. Si elle ne l'a pas fait et si elle a utilisé des instruments défectueux, im- » puissants, ce n'est qu'à elle seule qu'en revient la responsabilité. En effet, depuis l'époque » de l'adjudication, 21 Novembre 1856, jusqu'au moment où le conduit de communica- » tion avec le Bassin-Dock a cessé de servir utilement, il s'est écoulé près d'une année. » Or, pour installer complètement deux pompes avec toutes leurs dépendances, et pour » faire un puisard, il suffit, en prenant une très grande marge, de trois mois. Les moyens » d'épuisement auraient donc pu être organisés d'une manière parfaite neuf mois environ » avant le moment utile. Quant à l'emploi de vieux appareils détraqués que l'on répare » aujourd'hui en grand, nous n'avons qu'à signaler leur existence et le préjudice que leur » emploi nous a causé. Si ce vieil outillage avait fait un bon et loyal service, nous n'au- » rions rien à objecter, cela ne nous regarderait pas ; mais, comme il n'a jamais pu fonc- » tionner avec continuité et force suffisante pour le but qu'on voulait et qu'on devait at- » teindre, nous sommes bien obligés de relater le fait et de nous en plaindre.

» Supposons que les épuisements aient été donnés à l'entreprise à M. N... à charge » par lui de les faire d'une manière continue et efficace, c'est-à-dire de tenir les eaux du » puisard à 0 m 50 en contre bas du plafond des fouilles; supposons que cet Entrepre- » neur n'ait mis d'abord qu'une vieille pompe impuissante ; que sur les observations qu'il » aurait reçues il ait installé une locomobile auxiliaire; que sur la constatation de l'im- » puissance de ces deux moyens ensemble, il ait de plus établi une seconde pompe fati-

» guée, et que tous ces moyens réunis n'aient pu encore faire le service que d'une ma- » nière précaire, par suite des avaries fréquemment survenues à ses appareils;.... que » lui eût-on dit ?

» Précisément ce que nous disons à l'Administration : Par votre fait tous les ouvrages » de la Forme ont été retardés et rendus plus difficiles, vous êtes responsable du dom- » mage qui en résulte et vous devez le réparer.

» Dans le cas où les faits que nous énonçons seraient contestés, comme il importe pour » la vérité et la justice, que la lumière soit faite et que nos droits ne soient pas com- » promis sur un fait aussi important, nous demandons aujourd'hui, que les faits sont » encore récents et qu'ils peuvent facilement être vérifiés, qu'il soit fait une expertise- » enquête contradictoire à ce sujet. Dans le cas contraire, nous tiendrons nos allégations » comme prouvées et faisant titre pour nous. »

DIRES DE L'ÉTAT

« Les appareils d'épuisement consistent : 1° en deux machines fixes ayant servi aux » épuisements des fouilles du Bassin-Dock auxquelles elles ont toujours suffi, machines » qui ont été au préalable entièrement réparées et organisées; 2° en deux locomobiles de » 14 chevaux ensemble.

» Les faits constatés au journal des travaux prouvent que cet appareil est parfaite- » ment suffisant pour assurer le maintien des épuisements, hors le cas d'avarie, puisque, » déduction faite des dimanches, les interruptions se réduisent à 52 jours sur une durée » de 12 mois.

» Or, ces interruptions sont inséparables des ouvrages soumis aux épuisements.

» Quant aux frais de nettoyage des fouilles après chaque inondation, ils ont été prévus, » et on en a tenu compte dans la fixation des prix des déblais, puisque ceux-ci varient et » augmentent avec la profondeur des fouilles.

» Ainsi ces déblais sont payés à des prix respectifs de F. 0. 60, F. 2. 00 et F. 2. 60 » par mètre cube, et dans ces prix l'élément placé sous la rubrique : frais de rigolage, » épuisements partiels, consolidation des fouilles, etc., etc., varie dans la proportion » de F. 0. 17, F. 0. 97 et F. 1. 27 c. »

Par les dires respectifs et des Entrepreneurs et de l'État on voit de suite que les parties contestantes émettent des opinions diamétralement opposées. L'expertise demandée par les Entrepreneurs nous paraît ici indispensable pour éclairer le Conseil en présence d'assertions aussi contraires, en fait, et qui émanent d'hommes également compétents en la matière. Au nom des Entrepreneurs nous la demandons par conséquent de nouveau, afin, comme ils l'ont dit, que la justice puisse se prononcer en parfaite connaissance de cause.

Nous relèverons maintenant une erreur commise par MM. les Ingénieurs, lorsqu'ils ont dit que les interruptions signalées s'étaient produites pendant une année. Les épuisements dont il s'agit au procès n'ont commencé que dans les premiers jours de Juillet 1858. Les interruptions mentionnées par les Entrepreneurs ont donc eu lieu pendant six mois seulement, du 1er Juillet au 14 Décembre 1858. Voici du reste, à ce sujet, un Tableau Synoptique qui permettra de s'en rendre compte.

INTERRUPTIONS DES ÉPUISEMENTS

DU 1er JUILLET 1858 AU 14 DÉCEMBRE 1858

NOMBRE DE JOURS	NOMBRE DES INTERRUPTIONS d'après les Entrepreneurs	NOMBRE DES INTERRUPTIONS d'après l'Administration	RÉSULTATS EN NOMBRES RONDS
180	86	52 (Dimanches non compris)	14 jours perdus par mois, ou 1/2 du temps d'après les Entrepreneurs. 9 jours perdus par mois, ou 1/8 du temps d'après l'Administration.

Nous croyons que ce tableau dispense de tous commentaires. Lorsqu'on voit des machines s'arrêter à jour passé ou tous les trois jours (aveu de l'Administration), on peut dire que ces machines sont insuffisantes, mauvaises, impropres au service qu'on attend d'elles.

L'appareil des épuisements de la Forme-Sèche, qui avait déjà servi difficilement au Bassin-Dock, n'a pas été fait pour monter les eaux à 15 m. 00 de hauteur ainsi qu'on l'exige de lui. Sa force réelle et normale lui permettrait de les ascensionner à six ou sept mètres tout au plus. Ce n'est qu'en le faisant travailler outre mesure, en excédant sa puissance vraie qu'on arrive à porter les eaux, à son aide, de la cote (25 00) à la cote (11 00). C'est là la cause prochaine des avaries et des interruptions nombreuses dont les Entrepreneurs se plaignent. En demandant à cet appareil un résultat exagéré, on a recueilli ce qu'un excès d'énergie produit toujours, la rupture des roues et des arbres de la machine à balancier, celle des soies et des culs de lampe; celle des roues de la machine os-

5

cillante plusieurs fois brisées; celle des pistons, des boulons, etc. Il a fallu changer toutes ces pièces successivement et à plusieurs reprises, leur donner une force plus grande, substituer à l'élément fatigué, hors de service, un élément neuf, plus robuste, faire en un mot, pendant le travail, ce que l'on aurait dû faire avant. Les dépenses importantes nécessitées par ces réparations, corrections, prouvent donc que les appareils étaient insuffisants et qu'on ne les a rendus propres au service qu'en remédiant en grand à leur faiblesse et à leur vétusté. Dès lors on ne peut dire avec raison que les interruptions signalées sont des faits ordinaires, inséparables de tout système d'épuisement, ce sont là, au contraire, des faits anormaux qu'on aurait pu prévenir, dès le principe, et qui témoignent d'une manière éclatante du mauvais état et de l'impuissance qu'avaient les appareils employés.

Un appareil régulier, ayant la force voulue, fonctionne sans effort et s'il y survient des avaries, c'est rarement, une ou deux fois par an, et encore pour des parties secondaires. Les grosses pièces, telles que les roues, les arbres, ne se brisent jamais ou presque jamais. Les seules interruptions qu'on y remarque proviennent du changement des cuirs, du nettoyage et du graissage, encore faut-il dire que ces deux dernières opérations se font pendant la marche de l'appareil. Le renouvellement des cuirs, seul, exige un temps d'arrêt, une journée au plus tous les trois mois. L'appareil des épuisements de la Forme-Sèche aurait, par conséquent, dû s'arrêter deux ou trois jours pendant les six mois compris entre le 1er Juillet et le 14 Décembre 1858, mettons cinq à six jours pour faire la part des accidents extraordinaires eux-mêmes ; mais dès qu'il s'est arrêté pendant ces six mois, 86 fois, 52 fois, dimanches non-compris, d'après l'Administration elle-même, on peut déclarer hardiment avec les Entrepreneurs, cela est de toute évidence, que cet appareil était vicieux, insuffisant et que c'est au défaut de moyens, de précautions, à la charge de l'État, qu'on doit attribuer toutes les interruptions et le dommage qui en est résulté.

Veut-on une preuve nouvelle de ce que nous avançons, la voici : Du 15 Décembre 1858 au 1er Août 1859, les pièces mauvaises sont remplacées par des pièces bonnes ; les roues, arbres, soies, trop faibles, sont mis de côté ; l'appareil est fortifié, organisé avec plus d'entente. Qu'en résulte-t-il? que les interruptions, pendant sept mois, ne sont plus que de 22 jours. A partir du 1er Août 1859 l'appareil est complété; que s'en suit-il encore? que jusqu'à ce jour d'hui, 15 Février 1860, aucune interruption ne s'est produite. Lorsqu'un système d'épuisement est ce qu'il doit être, on le voit donc, il ne se détraque plus, les arrêts cessent, l'épuisement a lieu sans embarras, sans obstacles, sans pertes ni pour l'État, ni pour l'entreprise ; on ne rencontre plus des interruptions tous les deux ou trois jours ; l'obligation de faire les épuisements avec régularité, imposée à l'Administration, est remplie d'une manière convenable ; aucun dommage n'est causé.

En vérité ! voilà un appareil qui a toutes les peines du monde à élever les eaux, au Bassin-Dock, à 11 mètres de hauteur, on l'applique sans le fortifier au préalable, car on ne l'a pas fait, à la Forme-Sèche où il faut les monter à 15 mètres, et on dit qu'il est suffisant ! Tous les deux ou trois jours une pièce importante s'y brise, aujourd'hui une grosse roue, demain un arbre, hier une soie, parce que ces membres sont trop faibles, car en les changeant on les met plus forts, et on allègue que ce sont là des accidents ordinaires ! L'Entrepreneur qui a organisé son chantier le matin en est chassé le soir par les eaux inondant l'atelier, 86 fois, 52 fois en six mois, et on méconnaît qu'il y a là un fait grave, insolite, extraordinaire ! C'est à ne pas y croire. Mais le Conseil, nous en avons la confiance, ne le méconnaîtra pas, lui, et il remarquera, en outre, cette singulière précaution de MM. les Ingénieurs qui, pour diminuer adroitement le nombre réel des interruptions, ont le soin tout particulier de supprimer les dimanches, comme si l'arrêt du dimanche n'amenait pas, de même que celui des autres jours, une inondation et un envasement, c'est-à-dire des avaries et des pertes identiques.

La seule exception dont l'État puisse rationnellement arguer, c'est le cas de force majeure. Or, dans l'espèce, il n'y a jamais eu rupture par force majeure. Les accidents ont été la suite du mauvais état de l'appareil, de sa faiblesse ; ils proviennent tous de ce que l'Administration a cru devoir employer des pièces qui ne pouvaient pas, qui n'ont pas pu faire le service. Par son imprévoyance, elle a causé aux Entrepreneurs un dommage considérable, elle doit le réparer.

En ce qui concerne les frais de nettoyage compris, dit-on, dans les prix de déblais sous la rubrique : frais de rigolage, épuisements partiels, consolidation des talus des fouilles, etc. et portés à F. 0 17, F. 0 97 et F. 1 27, selon le cas ; nous dirons tout de suite que ces frais de nettoyage n'ont pas le moindre rapport avec les prix des déblais. Le nettoyage du fond de la Forme, après une inondation produite par l'arrêt des pompes, est un accident, tandis que le travail qu'on a voulu payer, dans les sous-détails, n° 1, n° 2 et n° 75 de la série des prix, est une chose prévue, déterminée. On alloue 17 centimes, 97 centimes et F. 1 27 centimes, on le dit, pour les frais de rigolage, pour les épuisements partiels et pour la consolidation des talus des fouilles, ainsi que pour tout ce qui a trait à l'enlèvement des déblais ; mais on ne peut en conclure qu'un travail accidentel, anormal, auquel on n'a jamais songé, que l'Administration devait empêcher de se produire, rentre dans les prévisions des sous-détails n°s 1, 2 et 75 de la série. L'envasement général de l'atelier, produit par son inondation, ne fait pas partie des prévisions de la série, ni du cahier des charges. On ne saurait admettre que des nettoyages en grand, 52 fois, 86 fois répétés pour les surfaces des bétons, des maçonneries, du radier, puissent faire parties des dépenses spéciales mentionnées pour les déblais seuls. L'interprétation donnée par MM. les Ingénieurs, à ce sujet, est évidemment inadmissible. Si on alloue 17 centimes, 97 centimes et F. 1 27 centimes par mètre cube de déblai, c'est que les rigoles, les épuisements locaux, la consolidation des talus et les autres menues dépenses, afférentes aux déblais, sont d'autant plus difficiles et importantes que la profondeur où on arrive est plus grande; c'est cette difficulté du fond qu'on veut payer, la série l'explique clairement par ces mots : frais de rigolage, épuisements partiels, consolidation des talus des fouilles, etc., et aussi par la distinction des cotes de profondeur. Jusqu'à la cote (19. 30) il y a un prix; jusqu'à la cote (22.40) un autre prix; au-dessous de cette cote, un troisième prix. C'est à ces particularités que les allocations de F. 0 17, F. 0 97 et F. 1 27 s'appliquent. Elles n'ont pas trait au détraquement des pompes, aux inondations du chantier, au dévasement des bétons, des maçonneries, des échafaudages, etc., en un mot à un événement extraordinaire, dont on n'a pas pu vouloir payer la dépense puisqu'on ne savait pas qu'il arriverait. Certes, si on y avait songé, si on avait cru qu'il dût se produire, on n'eût pas manqué de le mettre en tête de la rubrique dont parlent MM. les Ingénieurs. Mais ils ne pouvaient croire, ni eux ni personne, que dans six mois le chantier serait inondé 86 fois.

Les frais de nettoyage des fouilles sont donc une chose à part dont on n'a pas tenu compte dans la fixation des prix des déblais, dont on ne pouvait pas tenir compte, puisque leur existence était alors inconnue.

La déclaration de MM. les Ingénieurs que les prix de la série n° 1, n° 2 et n° 75 payent les nettoyages généraux du chantier est, du reste, bonne à recueillir, puisqu'elle pose en principe que ces nettoyages doivent être soldés. Nous en prenons acte, au nom des Entrepreneurs, et nous ajoutons que dès qu'il est démontré que ce travail n'est pas compris dans les sous-détails précités, il doit en être tenu compte par somme supplémentaire. En voulant renverser l'argumentation des Srs Escarraguel et consorts, les agents de l'Administration n'ont donc fait que lui donner une force nouvelle puisqu'ils ont posé ainsi eux-mêmes le principe de l'indemnité, la nécessité de payer ce travail. Toute la question se réduit, par conséquent, en se plaçant au point de vue des Ingénieurs, à savoir si les articles mis à la fin des sous-détails 1, 2 et 75, constituent ce paiement. Nous avons déjà démontré le contraire. — Insistons de nouveau.

Les n°s 1, 2 et 75 de la série portent qu'il est alloué F. 0. 17, F. 0. 97 et F. 1. 27 par mètre cube de déblais, pour frais de rigolage, d'épuisements partiels, de consolidation des talus, etc. C'est avec cet *et cœtera* que MM. les Ingénieurs essaient aujourd'hui de payer les Entrepreneurs. Eh bien ! nous le demandons, est-il possible, sur une pareille banalité, sur un signe qui ne dit rien de précis, qu'on applique à tout, à la réalité comme au néant, qu'on inscrit lorsqu'on n'a rien de sérieux à dire, comme complément de sens vague et inconnu, est-il possible sur cette énonciation générale et négative *et cœtera*, de mettre à la charge d'un Entrepreneur un ouvrage plus difficile, plus coûteux que ceux qui sont indiqués nommément dans le corps du prix ? Nous ne pouvons le croire. Que l'on exige des Entrepreneurs le creusement des rigoles, les épuisements partiels, la consolidation des talus, le nettoyage du fond des fouilles, dans une situation ordinaire, cela se conçoit, car ces obligations leurs sont imposées, elles font partie des prix des déblais ; mais qu'on prétende à l'aide d'une interprétation abusive de ces prix trouver ce qui n'y est pas réellement et leur faire dire plus qu'ils ne disent, cela ne se conçoit plus. Avec ce système on ferait faire aux Entrepreneurs tout ce que l'on voudrait, attendu que le substantif *et cœtera* n'a pas de limite. On exigerait d'eux, sans les payer, non-seulement ce qui concerne les déblais, mais encore ce qui a trait aux bétons, aux maçonneries diverses du radier et des rives, comme cela est précisément arrivé dans l'espèce, puisqu'ils ont nettoyé autant ces derniers ouvrages que le fond des fouilles elles-mêmes. Qu'on leur demande ce que le sous-détail porte et nomme, nous le comprenons ; mais dès qu'on exige ce qui n'y est pas spécifié, nous ne le comprenons plus. On doit s'en tenir aux termes compréhensibles, réels de la série, et ne pas se lancer dans des interprétations, dans des suppositions qui n'ont rien de sérieux.

Au surplus, il faut le répéter, le détraquement des pompes a amené des envasements étrangers aux déblais ; le travail nécessité par les nettoyages provenant de ce fait, ne rentre en rien ni pour rien dans les prix de la série, laquelle n'a pas été faite pour payer un curement qu'on ne savait pas devoir survenir. Si le fait s'était produit une fois ou deux les Entrepreneurs n'en auraient pas fait l'objet d'une réclamation, mais comme il a eu lieu 86 fois jusqu'au 15 Décembre 1858, et 22 fois après cette époque, en tout 108 fois, et que cette circonstance a amené des dépenses considérables, ils ont dû en demander et ils en demandent encore, avec confiance, la réparation.

En résumé :

1° Les interruptions des épuisements de la Forme-Sèche ont eu pour cause réelle et unique l'insuffisance même des appareils ; elles se sont produites avec une fréquence qui n'a pas d'exemple ; elles ne sont pas la conséquence naturelle et inséparable de tout système d'épuisement. Elles constitueraient plutôt un cas équivalent à celui de force majeure pour les Entrepreneurs qui ne pouvaient ni les prévoir ni s'y soustraire ;

2° Les allocations portées à la fin des sous-détails 1, 2 et 75 de la série, s'appliquent à des ouvrages prévus, à la difficulté du sol selon la profondeur ; elles ne peuvent par conséquent avoir trait à un travail extraordinaire, 108 fois répété, auquel personne ne devait s'attendre et, dans aucun cas, on ne saurait payer les dévasements des ouvrages d'art à l'aide des prix faits seulement pour les déblais. Ces prix ne concernent pas les pertes résultant des inondations générales du chantier. C'est là un dommage exceptionnel que l'Administration seule a causé à l'entreprise et qu'elle doit réparer.

CINQUIÈME CHEF

DIFFICULTÉS DANS L'APPROVISIONNEMENT DU GALET

On lit dans la dépêche de Son Excellence M. le Ministre des Travaux Publics, en date du 8 Novembre 1859 :

« Les Entrepreneurs se plaignent de n'avoir pas été mis en temps utile en possession » des lieux où le devis prescrivait de prendre le galet, à savoir, les digues de l'Eure ; » suivant eux le défaut des arrêtés préfectoraux sollicités pour autoriser l'occupation des » terrains les avait obligés à aller prendre leur galet à la pointe du Hoc, au prix de revient » de F. 10. 00 par mètre cube, de là une perte de F. 13,300. »

« MM. les Ingénieurs rectifient les faits. »

« Le Devis indique en effet, comme carrière à galet, les digues de l'Eure. M. l'Ingé- » nieur en chef ayant eu ultérieurement des motifs de ne pas permettre ces extractions, » en conféra avec l'Entrepreneur et lui procura en échange un lieu d'extraction de galet » notablement plus rapproché du chantier. L'Entrepreneur s'en montra satisfait. »

« Plus tard cette ressource elle-même étant venue à s'épuiser, l'Entrepreneur demanda » de nouveau à se reporter sur les digues de l'Eure et à ce moment les arrêtés néces- » saires lui furent délivrés. »

Avant de traiter au fond cette question de galet, nous répondrons aux observations ci-dessus. D'abord ce n'est pas parce qu'ils sont allés au Hoc prendre du galet que les Entrepreneurs demandent une indemnité de F. 13,300; c'est par un autre motif entièrement étranger au Hoc. Un extrait du mémoire auquel s'applique la Décision Ministérielle va l'établir. Les Entrepreneurs y disent :

« Sur ce chef, indépendamment du tort qui résulte pour nous de l'insuffisance » des crédits et de la prolongation de durée des ouvrages dont l'indemnité est déjà » établie dans le premier point de nos observations, il y a lieu d'en faire connaître » un second provenant d'un transport et d'une reprise supplémentaires du galet aux » dépôts d'approvisionnement. En effet, en nous imposant (mise en demeure du 21 » Novembre 1857) l'obligation de faire un approvisionnement anticipé de 2,000 » mètres cubes par mois, et ainsi de suite, l'Administration nous a mis dans la » nécessité de réunir 13,000 mètres cubes de galets par avance; et comme cette » quantité ne pouvait être déposée sur le Chantier autour de la Forme, nous avons » dû en mettre dix mille mètres cubes à une grande distance, près de l'Estacade » Est du Bassin de l'Eure, où nous sommes obligés de reprendre ce galet pour le » conduire ensuite aux lieux d'emploi. C'est là ce qui exige la reprise et le transport » supplémentaires dont nous venons de parler. Cette dépense n'eût point eu lieu si » on nous avait mis en possession des lieux d'extraction désignés au Devis et si » nous eussions fait nos approvisionnements à mesure des besoins, sur le chantier » même, ce qui était très facile et que nous avions prévu de pratiquer dans nos » calculs de Soumission.

» Voici en chiffres le détail du Dommage :

» Reprise de 10,000 mètres cubes de galet aux dépôts à F. 0 55 l'un .... F. 5,500 —

» Transport de 10,000 mètres cubes de galet à 300 mètres, à F. 0 78 l'un .... » 7,800 —

Total........ F. 13,300 —

On voit par cet extrait qu'il ne s'agit pas du galet pris au Hoc à F. 10 le mètre cube, lorsqu'on parle de la perte de F. 13,300. Il est question là des galets ramassés devant les fronts Sud du Bassin de l'Eure et de la reprise ainsi que des transports supplémentaires nécessités par le dépôt forcé de ces galets hors du lieu d'emploi. Quant au galet pris au Hoc, dont il est parlé incidemment quelques lignes plus haut dans le Mémoire des Entrepreneurs et dont le prix de revient était bien de F. 10, il n'en a été porté qu'une faible quantité déchargée au lieu d'emploi du premier coup et pour laquelle les Entrepreneurs, bien que lésés, ne réclament rien.

Ce premier point expliqué nous ajouterons qu'il n'est pas exact non plus de dire que les Entrepreneurs se sont montrés satisfaits du lieu d'extraction qui leur fut assigné par MM. les Ingénieurs. S'ils avaient été satisfaits, ils se seraient mis à l'œuvre de suite et l'on n'aurait pas été obligé de prendre contre eux, le 21 Novembre 1857, un arrêté de mise en demeure; s'ils avaient été satisfaits, ils n'auraient pas le 3 Décembre 1857 protesté contre l'arrêté susdit et demandé deux jours après à occuper les terrains indiqués par le Devis (Lettres des 3 et 5 Décembre 1857 à M. le Préfet de la Seine-Inférieure) ; s'ils avaient été satisfaits, ils n'auraient pas réclamé au sujet du galet par leurs lettres des 27 Février, 17 Mars et 29 Décembre 1858, 7 et 21 Janvier 1859, etc.... La plainte des Entrepreneurs a été constante au contraire. Les documents que nous venons de citer le prouvent de la manière la plus claire.

Revenons maintenant au fond de l'affaire et donnons un précis des faits.

En Octobre 1857 ont lieu des visites générales des plages depuis la jetée du Nord jusqu'au Cap de la Hève (littoral Ouest), et depuis le poulier du Sud jusqu'au Hoc (littoral Sud), Ingénieurs et Entrepreneurs présents.

Aux yeux des Ingénieurs, il résulte de ces visites ce qui suit: 1° le galet entre la Jetée Nord et l'Épi-à-Pin doit être respecté; 2° le galet entre l'Épi-à-Pin et le Cap de la Hève ne pouvant être pris que vers ce Cap coûterait trop cher ; 3° le galet existant derrière les digues de l'Eure ne peut être pris sans danger pour ces digues; 4° le galet du Hoc est trop éloigné; 5° celui du poulier du Sud appauvri par des enlèvements antérieurs doit être réservé pour les travaux de l'Écluse de la Citadelle. 6° l'extrémité Est des fronts Sud du Bassin de l'Eure peut seule être mise à la disposition des Entrepreneurs de la Forme de radoub.

Ces derniers sont en conséquence invités verbalement à exploiter les plages des fronts Sud-Est du Bassin de l'Eure. Ils ne le font pas.

Le 21 Novembre suivant, M. le Préfet de la Seine-Inférieure, sur la demande de M. l'Ingénieur en chef, prend un Arrêté qui met les Entrepreneurs Escarraguel, Vivenot et Roulet en demeure de commencer les approvisionnements de galet, à raison de 2,000 mètres cubes par mois et ainsi de suite, sous peine de mise en régie.

Le 3 Décembre 1857, les Entrepreneurs écrivent à M. le Préfet pour constater l'intempestivité de l'Arrêté susdit, et demander que l'Administration fasse connaître parmi les carrières à galet fixées au Devis quelle est celle qu'elle entend faire exploiter par les Adjudicataires.

Deux jours après, afin de couper court à toute équivoque et pour forcer l'Administration à parler nettement, les mêmes adressent une lettre à M. le Préfet, avec plans à l'appui, pour occuper les terrains désignés derrière les digues de l'Eure. Mais afin de ne pas rester sous le coup de la mise en régie, ils commencent le ramassage des galets à l'endroit qui leur a été fixé, bien que celui-ci soit autre que ceux prévus au Devis.

L'Administration gardant le silence sur la double réclamation des sieurs Escarraguel et consorts, ces derniers écrivent de nouveau, le 27 Février, à M. l'Ingénieur ordinaire et terminent leur lettre en demandant une solution absolue et définitive.

Le 17 Mars suivant, les mêmes, pour parer aux difficultés nouvelles qu'on leur faisait, adressent encore une lettre sur le même sujet à M. l'Ingénieur en chef.

L'Administration garde encore le silence.

Le 20 Décembre 1858, MM. les Ingénieurs défendent de prendre les galets sur les fronts Sud du bassin de l'Eure. Le 29, les Entrepreneurs constatent que le lieu désigné près des bains Frascati, qu'on leur avait indiqué en remplacement avec des conditions d'exploitation restreintes, est épuisé après deux jours de travail. Ils rappellent leurs demandes des 5 Décembre 1857 et 27 Février 1858, et réclament encore l'autorisation d'extraire le galet des endroits convenus au Cahier des Charges, au lieu d'aller en chercher sans cesse çà et là. Faute d'autres carrières, ils annoncent qu'ils sont forcés d'aller au Hoc où le galet coûte le double du prix payé.

Le 7 Janvier 1859, afin de cesser l'exploitation ruineuse du Hoc, ils sollicitent de M. le Préfet l'autorisation de prendre des galets depuis l'Épi-à-Pin jusqu'aux fours à chaux de M. Coursault, sur la plage Ouest. Au lieu de répondre directement à leur demande, sur l'avis de MM. les Ingénieurs, un arrêté préfectoral survient qui autorise, cette fois, l'enlèvement des galets entre la Jetée du Nord et l'Épi-à-Pin (une des carrières du Devis), mais dans des limites telles qu'on ne trouve à ramasser que trois cents mètres cubes de galets environ, lorsqu'il en faut des milliers de mètres encore.

Enfin, le 14 Janvier 1859, sur l'avis de M. l'Ingénieur en chef du 10 Janvier 1859 et sur la demande du 5 Décembre 1857 des sieurs Escarraguel, Vivenot et Roulet, il leur est délivré un arrêté préfectoral qui les autorise à extraire du galet dans les terrains situés en arrière des digues de l'Eure.

Le 21 Janvier 1859, les Entrepreneurs accusent réception de son arrêté à M. le Préfet, en constatant qu'ils le reçoivent treize mois après leur demande et alors qu'ils ont 14,000 mètres cubes de galet en approvisionnement, qui leur est revenu à F. 6. 00 le mètre cube. Ils rappellent le préjudice dont ils ont été victimes, et demandent qu'une épreuve contradictoire établisse le prix des galets pris derrière les digues de l'Eure et celui du galet pris devant les fronts Sud où on leur a fait ramasser le galet, contrairement aux prescriptions de leur marché.

Il convient maintenant de mettre sous les yeux du Conseil les termes de ce marché, loi des parties.

Article 63. — « Le sable sera pris, suivant les ordres des Ingénieurs, sur le » poulier du Sud, au banc des Neiges, ou aux dépôts provenant des fouilles pour » les nouveaux travaux de l'entrée du Port. »

Article 64. — « Le galet sera pris tant sur le poulier du Sud que dans les » terrains situés en arrière de la digue de l'Eure entre la pointe des Neiges et le » hameau de la Petite-Eure. »

Article 65. — « Dans le cas où il conviendrait à l'Administration de faire » prendre du galet soit sur la plage de l'Ouest, entre la Jetée du Nord et l'Épi-à- » Pin, soit aux dépôts provenant des fouilles faites pour les nouveaux travaux de » l'entrée du Port, l'Entrepreneur se conformerait aux ordres qui lui seraient donnés » à cet égard et le prix du galet lui serait payé conformément à l'article 17 de la » Série. » (*Extraits du Cahier des Charges.*)

La marche à suivre était donc bien simple. Pour le sable il y avait trois provenances, le poulier du Sud, le banc des Neiges, les dépôts des nouveaux travaux d'entrée. Les Ingénieurs n'avaient qu'à opter entre ces trois points ou à les indiquer tous les trois.

Pour le galet, il n'y avait pas d'option à faire, il devait provenir tant du poulier du Sud que des terrains situés derrière les digues de l'Eure, à moins que l'Administration ne jugeât à propos d'en faire prendre entre la Jetée Nord et l'Épi-à-Pin. Quant aux dépôts des fouilles de l'entrée du Port, il n'y avait pas à s'en occuper, ces fouilles n'existant pas. MM. les Ingénieurs devaient, par conséquent, aux termes du Devis, mettre les Entrepreneurs de la Forme en possession des lieux désignés, c'est-à-dire du poulier du Sud et en même temps des terrains situés derrière les digues de l'Eure, ou, à défaut de ces endroits, de la plage Ouest comprise entre la Jetée Nord et l'Épi-à-Pin. Il n'y a pas à sortir de là. Si le Devis est un contrat obligatoire pour l'Administration comme pour les Entrepreneurs, il faut s'y conformer, le suivre dans la marche qu'il a tracée. Or, l'a-t-on fait? Non. Les Ingénieurs, agissant comme si le Devis n'existait pas, ont défendu l'exploitation de la plage Ouest, entre la Jetée Nord et l'Épi-à-Pin, ils ont réservé le poulier Sud à l'Entrepreneur de l'Écluse de la Citadelle, et, par toute sorte de petits moyens, empêché les demandeurs d'occuper les terrains situés derrière les digues de l'Eure, affectés pourtant à leur entreprise par un article expresse du Devis, l'Article 64.

Nous n'avons pas à rechercher s'il était vraiment utile de respecter le galet amassé entre la Jetée Nord et l'Épi-à-Pin ; s'il était dangereux pour les digues de l'Eure de prendre des galets dans les terrains situés en arrière de ces digues. Ce sont là des opinions bonnes ou mauvaises, peu importe, que nous n'épousons pas au nom des Entrepreneurs et qui du reste ne signifient rien dans le cas qui nous occupe pour l'affaire elle-même. Supposons, au surplus, qu'il y eût un inconvénient grave à ramasser des galets sur ces deux points; que fallait-il faire alors? Eh mon Dieu! cela vient de soi, il fallait dire : la plage Ouest ne peut être exploitée; les terrains situés en arrière des digues de l'Eure ne peuvent l'être non plus; le poulier du Sud est utile pour les ouvrages de l'Écluse de la Citadelle, pour le lestage et le public; dès lors, les carrières promises par le Devis à la Forme-Sèche sont fermées pour elle, il devient indispensable d'en désigner de nouvelles et de dresser de nouveaux prix.

Au lieu de cela, on est resté dans le silence, et alors qu'on interdisait aux sieurs

Escarraguel, Vivenot et Roulet les lieux d'extraction convenus au marché, on lançait contre eux un arrêté de mise en demeure, avec menace de régie. On exigeait un approvisionnement de deux mille mètres cubes de galet par mois, ceci est bien remarquable, et on ne leur permettait pas d'exploiter les carrières désignées.

Mais voici deux faits, relativement au péril qu'il y aurait eu à prendre du galet et sur la plage Ouest, entre la Jetée Nord et l'Épi-à-Pin, et dans les terrains situés derrière les digues de l'Eure, qui attireront l'attention du Conseil : le premier, c'est que, lorsque les Entrepreneurs de la Forme voulant respecter la plage Ouest, dans les limites ci-dessus, demandèrent à prendre du galet plus loin, vers les fours de M. Coursault, l'Administration trouva plus convenable d'en faire recueillir entre cette Jetée du Nord et l'Épi-à-Pin, localité d'abord interdite et alors permise. (Voir l'arrêté préfectoral du 14 Janvier 1859, relatif aux plages de l'Ouest.) Le second fait, c'est que, pendant que l'Administration fermait aux Entrepreneurs de la Forme-Sèche les terrains situés derrière les digues de l'Eure, la Compagnie des Docks attaquait ces terrains sur les parties mêmes indiquées par Escarraguel et consorts, terrains Fouache, en extrayait de grandes quantités de galet et en privait les demandeurs, ainsi que le constate le procès-verbal d'expertise des 5 et 26 Février et jours suivants, dressé par les experts Mauber et Bucaille.

En fait, si les Entrepreneurs de la Forme-Sèche avaient été mis en possession, dès le principe, ou de la plage Ouest, comprise entre la Jetée Nord et l'Épi-à-Pin, conformément au Devis, ou des terrains situés derrière les digues de l'Eure, ou du poulier du Sud, ils auraient, avec la plus grande facilité, organisé un service de voitures qui aurait porté le galet, dans leur chantier, au lieu d'emploi, à mesure des besoins, et les aurait dispensés de la reprise et du transport supplémentaires dont il est parlé dans leur mémoire du 20 Janvier 1858. De plus, au lieu de ramasser le galet sur une plage vaseuse et pauvre, ils l'auraient recueilli dans les riches carrières de l'Eure ou sur la plage facile et abondante située entre la Jetée Nord et l'Épi-à-Pin. Forcés, au lieu de cela, à exploiter une contrée difficile et ingrate et à faire des approvisionnements considérables, en dehors de leur chantier, ils ont été, par ces circonstances, entraînés dans une dépense excessive.

Ont-ils donc tort d'en demander la réparation ?

Leur droit évident était d'extraire le galet dans les lieux convenus au Devis. En leur interdisant cet avantage et en les obligeant, pendant plus d'une année, à le prendre ailleurs, l'Administration a manqué aux obligations qu'elle avait contractées vis-à-vis d'eux ; elle est dès lors responsable du tort qu'elle leur a causé. Elle l'est même d'autant plus que, mise en demeure par les lettres successives des Entrepreneurs de livrer les terrains désignés, elle a procédé envers eux comme si le contrat n'existait pas, en leur refusant la possession des carrières convenues et en les contraignant, par un arrêté, pris dès le principe et toujours maintenu, de conduire aux dépôts la quantité considérable de deux mille mètres cubes par chaque mois, sous peine de régie.

Lorsqu'ils ont étudié l'entreprise de la Calle-Sèche, les sieurs Escarraguel, Vivenot et Roulet ont établi un prix de revient de galet, pris tant au poulier du Sud que dans les terrains situés en arrière des digues de l'Eure, ainsi que du galet à prendre, si l'Administration l'exigeait, entre la Jetée Nord et l'Épi-à-Pin. C'est sur ce prix appliqué à des points désignés, convenus, arrêtés par le Devis, qu'ils ont basé leur rabais de F. 9 50 par cent francs. Si donc, par des motifs qui ne viennent que d'elle, et dont nous contesterions la valeur si nous avions à l'examiner, l'Administration a cru devoir priver les Entrepreneurs des lieux prévus et leur en fixer d'autres, elle doit évidemment payer, non le prix établi pour le galet des endroits convenus où on ne l'a pas ramassé, mais bien celui qui est résulté du ramassage dans des lieux nouveaux où on l'a extrait et pour lesquels les prix n'ont certainement pas été faits.

Les demandeurs ont, par conséquent, raison de dire qu'une expérience est indispensable pour déterminer et le prix de revient du galet pris derrière les digues de l'Eure, point fixé, et le prix de revient du galet recueilli sur les fronts Sud-Est du Bassin de l'Eure, point imposé, à moins que l'on ne préfère convenir amiablement que le galet sera payé à raison de F. 6 le mètre cube au lieu de F. 5.

Mais nous pensons, et le Conseil qui voudra être éclairé, pensera comme nous, qu'une expertise est indispensable sur ce point avant de statuer au fond. Nous la demandons subsidiairement au nom des requérants.

SIXIÈME CHEF

INSUFFISANCE DES APPROVISIONNEMENTS DE CIMENT

Cette question a été posée en ces termes par les Entrepreneurs :

« En ce qui concerne les fournitures de ciment que l'Administration s'était réservé de » faire faire aux Entrepreneurs (Art. 6 du Supplément au Devis), mais qu'elle a cru » devoir s'attribuer ensuite, aux termes du même Article, nous ne contestons pas ce » droit, bien qu'il nous ait privé d'un bénéfice énorme que nous avions espéré faire ; » mais nous nous plaignons, à juste titre, de ce que ces fournitures demandées à d'autres » que nous ont été ordonnées de telle façon que la matière manque totalement, et que nos » travaux sont entièrement suspendus faute de ciment depuis le 17 Décembre dernier.

» Il y a lieu de croire que, pour cette cause, les ouvrages ne pourront recommencer que » vers le 15 Février prochain. Pendant 59 jours nous nous serons donc trouvés tout à fait » arrêtés avec tous nos chevaux à nourrir, nos agents à payer, et nous sans travail.

» C'est d'autant plus préjudiciable à nos intérêts, que cette suspension absolue des » ouvrages coïncide avec la défense que nous ont faite MM. les Ingénieurs de prendre » du galet sur tous les points à la fois où ils nous avaient d'abord permis d'en extraire.

» On nous a mis dans la position la plus ruineuse.

» La perte qui en résulte pour nous est facile à établir par jour. La voici :

» Intérêts d'un jour de notre matériel, d'une valeur de F. 120,000, » à 6 p. 0/0	F.	20 04
» Intérêts d'un jour du fond de roulement et de la retenue de garantie, » ensemble F. 140,000 à 6 p. 0/0	»	23 383
» Perte d'appointements de nos Agents, F. 16,400 par an, pour un jour	»	45 55
» Perte d'un jour pour vingt chevaux, conducteur compris, à F. 6 l'un	»	120 —
» Notre temps perdu à nous-mêmes		mémoire
PERTE POUR UN JOUR	F.	208 973

Réponse de S. Ex. M. le Ministre de l'Agriculture, du Commerce et des Travaux publics :

« Cet article repose aussi sur une allégation inexacte. Les travaux, suivant les En-
» trepreneurs auraient été interrompus le 15 Décembre 1858, faute de ciment; Il n'en
» est rien. Les travaux furent suspendus pour cause d'épuisement du crédit affecté à
» l'Exercice 1858. »

Le motif donné ci-dessus n'est pas sérieux; d'abord, parce que les fournisseurs de ciment se mettent en avance tant qu'on veut pour leurs fournitures, tout le monde le sait, comme tous les marchands, ensuite, parce que les ciments n'ont pas manqué seulement en 1858, mais aussi et beaucoup plus en 1859, alors que les crédits de l'Exercice n'étaient pas épuisés. L'épuisement des crédits n'est donc pas la vraie cause du manque des ciments. Cette cause est autre comme on va le voir.

D'après l'Article G du Supplément au Devis (Voir cet Article), l'Administration s'était réservé la faculté de se procurer les ciments soit par des marchés directs ou des adjudications particulières avec les fournisseurs, soit par l'intermédiaire de l'Entrepreneur. Les ciments, disons-le en passant, jouent un rôle considérable dans les travaux de la Forme, puisqu'ils y figurent pour une somme de un million au moins.

L'adjudication de la Forme ayant été approuvée en Juin 1857, on devait penser que des mesures seraient prises pour l'approvisionnement d'une matière aussi importante. Mais il n'en fut rien, attendu, comme nous l'avons vu plus haut, que un an et demi après on ne possédait pas encore le ciment utile. Il existe assez d'éléments sur la manière dont les ciments ont été achetés et sur l'époque des achats pour que le Conseil puisse se convaincre, en les examinant, que si les ciments ont fait défaut, ce n'est pas, ainsi qu'on l'a dit, faute de crédits, mais bien incontestablement parce qu'on s'en est occupé trop tard, parce qu'on avait oublié de s'en occuper. Que le Conseil rapproche les dates de l'adjudication de la Forme-Sèche et celle des fournitures de ciment commandées et il sera édifié.

Le manque de ciment, non faute de fonds mais faute de marchés, remonte au-delà du 15 Décembre 1858. Par son ordre de Service N° 21, en date du 16 Juin 1858, M. l'Ingénieur ordinaire signale déjà ce fait et déclare qu'il sait que le manque de ciment est un obstacle à la marche des ouvrages. Ce n'est que trois mois plus tard que l'on peut travailler aux bétons (Ordre de service N° 23 du 20 Septembre 1858). La difficulté, non des crédits mais des arrivages de ciment, résulte encore de l'Ordre de service N° 30 du 4 Décembre 1858 de M. l'Ingénieur en chef qui demande la correspondance des fournisseurs de ciment, MM. Withe et Brothers, pour activer probablement les livraisons. Le 7 Décembre 1858, l'Ordre de service N° 31 prescrit d'employer la faible quantité de ciment dont on dispose. Il y avait alors quinze mois que le marché des sieurs Escarraguel et consorts était approuvé, on aurait pu avoir à ce moment tous les ciments utiles; on en manquait complètement. Cela est clair et dispense de tous commentaires.

Quelques jours après, il n'y a plus de ciment disponible et les travaux sont complètement arrêtés. C'est à ce moment que les Adjudicataires formulent leur plainte. Ils sont arrêtés dans leurs ouvrages jusqu'au 14 Mars 1859, pendant trois mois (Ordres de Service N°s 37 et 39). Le N° 42 des Ordres, en date du 2 Avril 1859, annonce une nouvelle suspension des livraisons jusqu'au 15 Mai suivant. Mais dès le 11 (Ordre N° 44), M. l'Ingénieur ordinaire fait savoir que les ciments seront épuisés dans la semaine. Les bétons se continuent cependant jusqu'au 18 Mai 1859 avec le reliquat des provisions. Le 21, même mois, les ciments sont tout à fait épuisés (Ordre de Service N° 48) et on suspend les bétons définitivement jusqu'à nouvel ordre. Le 27 Août, trois mois après, l'Administration possède enfin des ciments, et l'Ordre de Service N° 58 prescrit de reprendre les bétons, en annonçant que le ciment ne manquera plus. On a donc alors pris les mesures voulues.

On voit par ce qui précède, que depuis le 24 Juin 1857 jusqu'au 27 Août 1859, c'est-à-dire pendant plus de deux ans, les ciments ont manqué, en partie, à plusieurs reprises, et qu'ils ont fait défaut, en totalité, du 15 Décembre 1858 au 15 Mars 1859 (3 mois), et du 21 Mai 1859 au 27 Août 1859 (3 mois encore), non pas, il faut le répéter, par épuisement des crédits, mais parce que les marchés avec les fournisseurs avaient été passés trop tard, en trop faible quantité, et parce que quelques ciments furent reconnus mauvais aux épreuves.

Nous recommandons à l'attention du Conseil les deux lettres transcrites à la fin de la présente requête, parmi les pièces à l'appui, écrites par les Entrepreneurs; la première, le 16 Mai 1859, à M. l'Ingénieur en chef, et la seconde, le 26 Mai 1859, à Son Ex. M. le Ministre des Travaux publics. La lecture de ces lettres, l'examen du dossier des marchés et adjudications passés pour les ciments avec les fournisseurs anglais et français, ainsi que l'étude des Ordres de Service ci-dessus rappelés, ne laisseront aucun doute sur ce point, que si les ciments ont fait défaut et si, par ce fait, les Entrepreneurs ont perdu pendant six mois entiers F. 208 973 en moyenne par jour, soit en tout la somme de F. 37,615 140, c'est uniquement par la faute et l'imprévoyance de l'Administration.

Viendra-t-on soutenir que cette dernière, bien que chargée de la fourniture des ciments, n'était pas tenue de les livrer à mesure des besoins des ouvrages? A cela nous répondrons que l'État, dans le cas, s'est constitué fournisseur des ciments vis-à-vis l'entreprise et que comme tel il est tenu de faire ses livraisons en temps utile ou de réparer le dommage qu'il a causé.

Lorsqu'un fournisseur ne livre pas à l'État la matière convenue, le ciment; que fait celui-ci? Il frappe le fournisseur d'une réduction de 25 à 30 francs par jour de retard. Or, ce que l'Etat fait envers ses fournisseurs, il ne voudrait pas qu'on le lui fît lorsqu'il s'est établi fournisseur ! Cela ne serait pas juste.

Du reste, l'Administration, en ôtant aux sieurs Escarraguel, Vivenot et Roulet la fourniture des ciments a bénéficié au détriment des susdits d'une somme de trois cent quarante-trois mille deux cents francs. Elle a en outre frappé des marchands de ciment pour cause de retard de livraison d'une retenue assez élevée. Dans cette situation, lorsqu'elle se procure ainsi un double profit et qu'elle frappe ses Entrepreneurs d'une perte de F. 37,615. 140, est-il bien équitable qu'elle leur dispute la réparation du dommage qu'elle leur a causé ?

Voici un tableau qui met les situations respectives en évidence :

Quantité de Ciment utile à la FORME-SÈCHE	Prix moyen payé par l'État Par 100 K°	Prix qui devait être payé à ESCARRAGUEL & C°	BÉNÉFICE que les Srs ESCARRAGUEL & Cie auraient fait si on leur eût laissé la Fourniture	Bénéfice réalisé par l'État en se réservant la fourniture	Perte des Entrepreneurs par suite des NON-LIVRAISONS
11,000 tonnes ou 11,000,000 Kos	F. 7 —	F. 10 12 les °/₀ k°	F. 343,200 — Rabais de F. 9 50 compris	F. 343,200 — même observat. sur le rabais	F. 37,615 140

Si les Entrepreneurs de la Forme-Sèche avaient fourni les 11,000,000 de kil. ciment, ils auraient réalisé un bénéfice de F. 343,200, rabais compris. Au lieu de cela ils perdent une somme de F. 37,615 140; par cette double circonstance que l'État leur a ôté cette fourniture et qu'en la faisant lui-même, tardivement, il a arrêté leur marche pendant six mois et leur a imposé une dépense extraordinaire de F. 37,615 140 c.

Bien que ces faits soient remarquables, bien qu'ils justifient la demande des Srs Escarraguel, Vivenot et Roulet, au point de vue de l'équité, d'une manière incontestable, nous ne les donnons que comme accessoires. La réclamation des Entrepreneurs est fondée en droit. L'État leur a porté un tort réel, manifeste, il doit le réparer, articles 1382, 1383 et 304 du Code Napoléon.

Jamais on n'a contesté le droit qu'a un Entrepreneur de réclamer des dommages-intérêts d'un fournisseur qui, après s'être obligé à lui livrer certaines matières, ne le fait pas ou le fait de telle façon que l'entreprise en éprouve un grave préjudice. Dans ce cas, les tribunaux consulaires condamnent toujours le fournisseur à réparer le tort causé. Or, c'est ici la même chose, l'État qui pouvait laisser la fourniture des ciments aux Srs Escarraguel, Vivenot et Roulet, a préféré se la réserver. Il devait dès lors la faire sans nuire à ceux-là ; mais, nous l'avons vu, par pure négligence ou imprévoyance, il ne l'a pas remplie et a occasionné, par suite, une perte importante aux Entrepreneurs. Il doit donc leur en tenir compte comme responsable de ses agents ou fournisseurs ; à moins qu'on ne veuille établir que l'État, lorsqu'il prend un engagement, n'est pas tenu de l'exécuter, ou, ce qui serait la même chose, qu'il peut le faire où, quand et comme il lui plaît.

Les Srs Vivenot, Escarraguel et Roulet demandent qu'il leur soit payé une somme de F. 37,615 140 c., représentant la perte qu'ils ont subie pendant les six mois durant lesquels leur chantier a été arrêté, laissant à leur charge les dépenses énumérées plus haut par chaque jour ; et, au cas où le Conseil aurait la moindre hésitation à admettre les faits mentionnés par les réclamants, qu'il soit fait une expertise sur ce chef pour que la vérité soit connue, à ce sujet, dans tous ses détails.

Les soussignés concluent à ce qu'il plaise au Conseil, leur allouer les conclusions prises par eux à la fin de chacun des six chefs ci-dessus développés.

Ils ont l'honneur d'être, avec respect,

MM. les Conseillers,

Vos très humbles et très dévoués Serviteurs,

A.-P. ESCARRAGUEL, VIVENOT Père et Fils et A. ROULET.

HAVRE, le Juillet 1860.